JN073135

負動産を富動産に変える魔法の不動産投資

目からウロコの㊙相続対策を教えます!

藤山勇司
Yuji Fujiyama

ビジネス社

まえがき

負動産を富動産にチェンジする心構え

不動産は人に生み出され、人とともに歳を重ねる資産です。

ご実家が新築された時、お施主さんである皆さんのご両親はどれほどうれしかったことか。皆さんが誕生した時と同じとは、言いませんが、目を細め、心から突き上げる喜びとともに、これから10年、20年、30年続く住宅ローンに身の引き締まる思いをされたことでしょう。

あれから、数十年の時が過ぎ、ご両親は、雨の月も風の月も、値上がりを続ける教育費に眉をしかめる月も、単身赴任でマイホームから離れざるを得なかった月も、休むことなく住宅ローンを払い続け、ようやく完済された……。

それが、皆さんが相続されることになったご実家の歴史です。

愛していただきたい。今一度、関心を抱いていただきたい。

そして、
できることなら、手を入れ、価値を高め、再び新たな家族の笑い声で満ち満ちる幸せな日々を蘇らせていただきたい。さすれば、これまで住むことなく、これからも戻ることなく、にもかかわらず、毎年毎年、固定資産税や都市計画税で皆さんの懐からお金が出てゆくばかりの負動産だった、ご実家は、リバイバルの時を迎えます。

ご実家とは、縁があったのです。

幼い頃には、そこで生活したのです。

そ知らぬふりをし、遠ざけているばかりが解決策ではありません。

ご実家は、皆さんからの温かな援助の、その両手を待ち望んでいます。

リバイバルを遂げたご実家は（当たり前だ、直して当然だ！）なんて、不遜な態度を取りはしません。新たな家族を受け入れたご実家は、毎月の家賃で皆さんの生活を全面的に支えてくれることでしょう。

どうやれば、賃貸住宅として蘇り、皆さんに富をもたらす「富動産」になるのか、リフォームのアイデア、お願いする職人の見つけ方や、入居募集の方法など、私がこれまでに培ってきたすべてのノウハウを駆使し、説明させていただきます。

本書では、本音をベースに、誤解を恐れることなく、相続で所有することになった「負動産」の現状と解決策を記述いたします。

お気に障る点、気に食わない点も多々あると存じますが、読了いただきたく、伏してお願い申し上げます。

そして、第8章には㊙相続対策㊙の裏ワザも書き記しましたので、ご興味のある方はご参照いただければ幸いです。ご実家以外の相続でお悩みの方には、きっとお役に立つ相続オプションになることでしょう。

令和2年4月吉日

藤山勇司

もくじ

第2章 立地とリフォームの方向性

第3章 戸建リバイバル法・ベーシック編

第4章 戸建リバイバル法・見積もり編

第5章 リフォーム工事の実行と入居募集

第6章 不動産取引、リフォーム工事で損をしないための基礎知識

第7章 相続問題の根幹（相続におけるメリットとデメリット）

第8章

㊙相続対策㊙の裏ワザ

序章

2020年以降、不動産価格が下がるというウソ

☆不動産業者に騙されるな！☆

不動産業者は、物件の売り買いが命の源泉です。

もしも、すべての所有者が1年間、売却を凍結したなら、6割〜7割の不動産業者は倒産。所有者が所有物件を、慈しみ続ける平和な世界は、不動産業者からすると地獄です。

だから、彼らは〝**手を替え、品を替え**〟高齢者や資産家には所有資産を売らせ（物出し）、働き盛りの方々に上限の借金をさせ、マイホームや投資用不動産を売りつけます。

不動産投資熱が一巡すると、「出口戦略」と勝手に作り出したキャッチフレーズで不動産所有者を集客し洗脳しています。なぜなら、売却する必要のない投資用マンションやアパートを、「利益を確定させる」という美名のもとに売らせるためです。弾をこさえた不動産仲介業者や転売業者は、初心者大家さんに、身分不相応な借金を背負わせ、購入させ、管理費までちょろまかしています。

要するに、儲かれば、何でもいいのです。

誰かが所有不動産を売り出してくれれば、購入希望者が購入できる値段まで下げさせ、もしくは手八丁口八丁で、〝捨て値〟で売らせ、差額をポッケにしまい込みます。

そして、現在、不動産業者が異口同音で熱く語るのは、

「TOKYO　OLYMPICS」後の値下がり！　です。

彼らは、

今売らないと損します。私はお客様の悲しむ顔を見たくない。ただ、それだけです。

なんて、心にもないキメ台詞を口にし、その裏では取らぬ狸（たぬき）の皮算用に大忙しです。

騙されないでください。

暴落なんてありません。

これまで、オリンピック後に不動産価格が暴落したのは、新興国だけのこと。イギリスやカナダでオリンピック閉幕後に不動産暴落など起きていません。

「いやいや、でもさ、オリンピックで建設資材が値上がりして職人の工賃も暴騰したらしいじゃない。終わったら揺り戻しがあるんじゃないの？」

今も人手不足ですが、オリンピック特需が終わっても、職人不足はなくなりません。建設労働者の外国籍割合は、年を追うごとに高まっています。

バブルが弾け、国内の不動産価格が暴落し、GDPが停滞したままの25年の間、世界の経済規模は2倍以上に成長したにもかかわらず、日本経済は停滞したまま。

その結果、日本の不動産は、海外の不動産価格よりも2分の1から3分の1の水準を低迷し続けています。首都圏や大都市の不動産は若干、体温が上昇していますが、地方の不動産価格は、羹に懲りて膾を吹く状態でして、いまだに厳冬期です。

それは、

「でも、テレビや新聞では東京オリンピック後の不動産暴落なんて特集してるぜ」

マスコミは視聴率を取ることに必死！　雑誌や新聞を売ることに必死！　結果、視聴者や庶民が関心を持つ「リスクや危機、そして大暴落」を並べ立てているに過ぎません。まったくの作り話といってても過言ではないのです。

☆2022年生産緑地問題と都市農地の賃借の円滑化に関する法律☆

不動産会社は、よくもまぁ、次から次へと不動産売却をうながす種を見つけてくるものだと感心します。現在火をつけようとしているのが、2022年の生産緑地指定終了による新規マンション用地や新規住宅用地の大量供給による不動産暴落危機です。

「ああ、聞いたことある。生産緑地の指定が終わったら固定資産税が100倍以上に値上がりするから、宅地にして売り出すって奴だろ。大丈夫なの？」

まったく問題ありません。

なぜなら、確かに生産緑地指定の期限は2022年に終了しますが、「特定生産緑地」の指定を受けると、固定資産税の減免は以前のまま10年延長され、その後も10年ごとの更新が可能だからです。その他にも、従来は500㎡以上が条件となっていた生産緑地地区の面積を300㎡に引き下げたり、農産物の直売所や加工施設の建築も可能にしたりなど、継続営農する支援政策を打ち出しているからです。

さらに、生産緑地は市街地の中心から離れた場所ですから、不動産デベロッパー垂涎(すいぜん)の場所ではないのです。こうした売却をうながすデマに騙されてはなりません。

☆自分の判断能力を信じる！☆

冷静に判断しましょう。

回りの空気を読み、同調行動を取るのではなく、数値や事実から判断してください。

「冷静にとか、数値とか、無理でしょ」

難しくはありません。

皆さんが本業でなされている行動原理に従えば、いい。ただ、それだけです。不動産業で必要とされる知識量は、皆さんが本業をこなすためのノウハウやスキルに比較すると、およそ10％程度。10分の1に過ぎません。

自らの判断能力を信じてください。専門家専門家とわめき、皆さんを素人とあなどる不動産業者やマスコミ、テレビニュースから距離を取り、自ら情報を集め、皆さんの判断基準で進むべき道を選択していただきたい。

さすれば、相続負動産を、皆さんに富をもたらす「富動産」にリバイバルさせることができるでしょう。

第1章

戸建の現状

放置され悲嘆に暮れている戸建の惨状

誰も暮らさなくなった家……。しばらくすると、ブタクサやネコジャラシが庭を覆い、剪定（せんてい）から永遠に解放された樹木は四方八方に伸び、ツタは外壁をはいまわります。

「秋山の息子さん、帰ってくるかしら？」

「さぁ～、どうだかね。東京に行っちゃって、もう戻ってこないんじゃない？」

近所の人々は、人の息づかいの感じられなくなった家屋の行く末を案じますが、どうすることもできません。

家屋は人の手により生みだされ、人とともに生きてきました。

誰も住まない家屋は、台風で瓦やスレートがズレ、雨漏りが生じてもそのまま放置されてしまいます。屋根を支える木材は黒カビの餌食（えじき）となり、建物の劣化に歯止めはかかりません。

雑草で覆われた庭には空き缶や生ゴミが投げ込まれ、手入れの行き届いた往時の庭は見る影もなく、人々から目を背けられる対象となるのに、さほどの時間はかかりません。

人の温もりを失い、悲嘆に暮れている家屋の総数は８４６万戸。そして、貸家の行く末を案じる所有者も空き家の数だけ令和の日本に存在しています。

転売業者からの電話。尻馬に乗るとどうなるのか

ステテコ姿でソファーに寝そべった土曜日の昼下がり……。

昨夜開催されたサッカーの国際試合を、キンキンに冷えた缶ビールを飲みながらテレビ観戦をしていると、奥様から無言で子機を渡されます。

「なんだよ？」

「電話」

「観てるんだよ」

「日本、勝ったんでしょ。見る必要ないじゃない。それより、電話」

「誰から？」

「知らない女から」

顔から血の気が引く音が聞こえるようです。口元を左手で覆い、小声でおそるおそる。

「お電話、代わりました。秋山です」

「秋山慎介さまで、よろしかったでしょうか？」

彼の心配は杞憂に終わり、ネットテレビをストップさせ、せき払いをひとつ。

「何？」

「茨城県土浦市のご実家の件ですけれど、ご売却願えないかと思いまして……。お休み中の所、申し訳ないのですけれど、お電話をさせていただいた次第でございます」

「いやいや、売る気はないから。そもそもさ、なんで俺の名前と電話番号を知ってんの？おかしいでしょ。個人情報保護法違反だよ。だいたいさ、土曜日の○×▼□&%$#〃！$%&#　etcetcetc！！！」

秋山慎介さんは、不動産業者の営業電話から、からくもその身をかわしました。

でも、待ってください。

そもそも、電話の向こうの彼女は、いったい何者なのでしょうか？

『そりゃ、不動産屋でしょ』

確かに。一般家庭の奥様が土曜日の昼間、狙いすましたように、特定の個人に不動産の売却勧誘電話を掛けてくるとは思えません。では、何のために？

『買い取るためでしょ。でも、待てよ……。不動産屋は儲けるために営業の電話をかけてくるわけだ。そんな個人の家を転売して儲かるのかね？』

いいところに気が付かれました。

営利企業が、成立するかどうかわからない電話をかけ続けるには、目も眩むような経費がかかります。まさに、〝千三つ〟。つまり1000回試して、わずか3回、成立の可能性のあるお客に当たるか当たらないか。賭けのような、ドブに金を捨て続けるような投資です。ですから、成立した暁(あかつき)には997回の失敗を埋め合わせるような利益を期待できなければ、実行する価値はありません。

つまり、裏を返せば、お客様を惑わす魅惑的な営業内容の実態は、業者のみに都合の良い取引です。ですから、自宅にかかってくる勧誘電話には、不動産買取りに限らず、不動産投資、株取引、FX、健康食品、健康器具販売などなど、一切の営業電話に取り合あうべきではありません。

今回の秋山さんのご実家の事例で申しますと、不動産業者が目をつけたのは、建物ではなく、80坪に及ぶご実家の敷地です。2つに割れば、新築2戸になりますし、土浦市内では立地が良いので、アパートに変身させることも可能。市場価値の60%前後で購入すれば、最悪、叩き売っても損をすることはない。そうした目算で成り立っていることを忘れてはなりません。

もしも、秋山さんが不動産業者の甘い声にホダされ、面会を約束する。もしくは、担当者の裏に控える転売不動産業者の事務所に行ったとしたら、恰幅の良いクロージング担当の営業課長もしくは営業部長に丸め込まれ、持て余していた実家を捨て値で処分することになっていたでしょう。くわばら、くわばら。

3

近所からのクレームと毎年の税金

接待でいい気分の秋山さんが帰宅すると、薄明かりのリビングに人影が……。

「た、ただいまぁ」

「あなた！」

「おぉ、いたのか？」

「いたのかじゃないわよ。何で何もしないの？」

「何もって、何が」

「あなたの実家の近所の奥様方から、ひどい言われようで、何とかしなさいって！　なんで、あたしが怒られなくっちゃならないの？　どうすんのよ！」

「どうするって、急にそう言われても……なぁ……」

「なぁ、じゃないわよ。あんたはいいよ。仕事仕事で逃げて、家に居ないんだから。あたしが何で矢面に立たなくちゃならないの！　はい、これ。あちらさんの電話番号だから、ちゃんとして！　あたしに迷惑をかけないで」

ご実家を放置し続けると、確実にクレームがやってきます。人がいなければ、普段、裏に隠れていた自然の猛威が家を飲み込んでゆきます。雑草に覆われ、ツタが家を覆い、植

栽がジャングル化してくると、「他所様の家のこと」と、目をつむっていたご近所も重い腰を上げます。ましてやご実家を狙う不動産業者がいたなら、そうした不満を自社に都合よく生かし、売却を迫ります。

「だいたい、なんでウチが使いもしないアンタの実家の税金を支払わなくちゃならないの？　ただでさえ、教育費にお金がかかるのに。なんでも面倒くさいことは、あたしに押し付けて！　ご自分は午前様で、いいご身分だこと」

「わかったよ。明日電話する……」

子どもの頃、隣近所の倍以上ある80坪の敷地は、自慢でした。それが、限られた給与の中から税金を払うとなると違ってきます。築40年の空き家でありながら、6万円の固定資産税と2万円の都市計画税の合計は8万円。無視できる金額ではありません。奥様がクレームをつけるのは当然です。

翌日、会社の休み時間に指定された電話番号にかけると、聞き覚えのある声。

「秋山慎介さまでございますか？　お待ちしておりました。私、荒川沖東3丁目町内会から委託をうけましたABC不動産の川北真理子と申します」

「えぇぇと、か、川北さんって、つい先日お電話をいただいた方ですか？」

「はい、いつぞやは突然のお電話にもかかわらず、貴重なご意見をたまわり、誠にありがとうございました。さて、町内会の皆様のご要望でございますが、お庭の鬱蒼（うっそう）とした雑草と樹木の整備でございます。もしよろしければ、当社でお見積もりなど送付させていただきますが、秋山様でご依頼される業者さまはいらっしゃいますでしょうか？　町内会の皆様は、早急な解決をお望みでして、今月末までになんとかと、申されております。その件につきましては、昨日、奥様より解決いただけると、仰っていただきましたが…」

「今月って、もう2週間ないじゃない。東京に出て、もう20年近く経つからさ、知り合いの業者なんていないよ」

「それでは、現場写真に加え、お見積もり書を早急に送付させていただきます」

やれやれと胸をなでおろした2日後、秋山家は深刻な家庭内戦争に見舞われます。

「どうすんのよ。いったい、ウチのどこに１１０万円のお金があるの。ねぇ、どうすんのよ。あっちは、いつ振り込むのかって、何度も電話がかかってきたのよ」

「じゃ言うけど、お前がさ、今月までに綺麗にするって言ったって……」

「バカじゃない。言うわけないじゃない。先方は、あんたに依頼されたから見積もりしたって、金払えって。ねぇ、どうすんのよぉ」

秋山家に送付された見積もり金額は１１０万円。内訳は、

○樹木の剪定　50万円

○雑草の整備　40万円（㎡当たり２０００円で２００㎡）
○その他雑費　10万円
○消費税　10万円（１００万円の10％）

不動産業者は、超能力者なのでしょうか、それとも監視カメラで秋山家の様子を逐一、うかがっているのでしょうか。家庭内争議の最中、ＡＢＣ不動産から、秋山さんの携帯に「ＡＢＣ不動産・川北」の文字が浮かび上がります。

「川北さんだっけ、１１０万円なんて金は払わないからな。ふざけんな」
「申し訳ありません。私、川北の上司の〝やすなが〟と申します。安心の〝安〟に永遠の〝永〟で安永です。川北から、先ほど秋山さまの件で行き違いがあると報告を受けまして、急遽電話をさせていただきました。お電話のほう、大丈夫でしょうか？」

旦那さんは、川北さんの不手際を責め、１１０万円の支払い義務はないと、あらん限りの熱意を込めて話します。その向こうでは、「なるほど」「それは、それは」「いやはやなんとも」と、イエスともノーとも理解できない反応に終始。怒り過ぎたからでしょうか、つき物が落ちたように、旦那さんが上司の安永さんに意見を求めると……。

「おっしゃることはごもっともです。ですが、私どもは町内会の依頼を受けております。このままでは、秋山さんが生まれ育った、町内会の人々に恨まれることになってしまいます。とはいえ、急に100万円以上の大金を払えと言われて、右から左に用意できないことも重々理解できます。そこで提案ですが、現在の状態で当社に売却される選択肢をご検討いただけないでしょうか？」

「売却？　売れってこと？」

「はい。このままですと、ご依頼を受けた当社も、秋山様も町内会に面目が立ちません。そこで乗りかかった舟、袖すりあうも他生の縁と申しますから、誰もが納得できる提案をさせていただきたい。協議がまとまるようであれば、道路に飛び出した樹々など、町内会に迷惑をかけている樹木は明日にでも切り落とし、町内会に詫びを入れる用意はございます。売却のご意思はございますでしょうか？　それとも、秋山さま単独で処理なさると言われるのであれば、お手伝いできないことになってしまいます」

「売却か……」

すでに勝負は決しています。問題を先送りにし続けてきた秋山さんに他の選択肢はありません。彼は、売却の意思を伝え、樹々の整備を頼んでしまいました。さらに、不動産業者に樹木の処分を依頼したことにより、実家の売却ドタキャンは困難。その上、売却価格の調整はしていません。面倒を嫌がり、問題を先送りにする性格の秋山さんは、不動産業者の言い値で売り渡す危機に、気づくことなく直面してしまいます。

秋山さんの実家の結末

水戸駅から徒歩数分、駅からまっすぐに伸びた交差点角にＡＢＣ不動産はあります。

（ここか……）

16年の結婚生活で最大の危機に直面した秋山夫妻は、使いようのない実家の売却を決めました。

手放すことに未練はあるものの、今の仕事を辞め、茨城に引っ越す選択肢は子どもの教育関係ひとつとっても考えられません。仮に、今のまま所有し続けるとすると、毎年８万円の税金に庭や家屋の維持管理にバカにできない金額を出し続ける必要があります。ならば、今回の騒動を奇貨(きか)として、数々の問題を引き起こす実家を売却し、面倒から解放されたい。それが、秋山夫妻の出したウソ偽らざる結論でした。

「お待ちしておりました。さぁ、どうぞどうぞ」

満面の笑みを浮かべた担当の川北真理子は秋山夫妻を出迎え、応接室に案内します。

「大丈夫そうね」

「そうだな」

二人はマイセンのティカップを手にして、ひと息つきます。売れば金になる。その金は子どもたちの教育資金として貯金しておこう。二人が決めた使い道でした。

軽くノックの音が鳴ったかな、と思った瞬間。ラグビーの稲垣選手ばりの偉丈夫が、大股で彼らに近づくと、グローブのような手を差し出してきます。

「東京からわざわざ、お越しくださりありがとうございます」

バリトン声の安永は堂々たる態度。秋山夫妻は一瞬で気圧（けお）されてしまいます。双方、簡単な挨拶を済ませると、安永部長は登記簿謄本を手にして口を開きました。

「秋山さん、ご実家の名義、亡くなられたご母堂の名義のままですね。それに、あなたには妹さんがいらっしゃる。名義書き換えはどうなっていますか？」

「えっ!?　そうでしたか……。遺言で実家は私。預貯金は妹が4分の3。私が4分の1で、書類も作りましたけれど……」

「遺産分割協議書ですか？」

「はい。確か、そういった書類でした」

奥様は彼の足を軽くケリながら「バカ、何やってんの。っとに……」とふくれっ面。

「なるほど、では、遺産分割協議書は、後程、こちらの指定する司法書士に送付願います。費用は多少かかりますが、専門家ですから、問題はありません。よろしいですね」

「はい。よろしくお願いします。この人、会社の仕事以外、全然頼りにならくって。今回

もご迷惑をかけ通しで申し訳ありません」

こうなると、売却金額決定のペースは不動産会社の思うがまま。立て板に水のような説明が続き、秋山夫妻は敷地80坪、築40年延床50坪（7LDK）の実家をわずか180万円で売却してしまいました。なぜ、そんなことになってしまったのでしょうか？

ABC不動産、独自の買取り価格査定書によると、80坪の本物件は1坪当り15万円なので総額1200万円。

そこから、業者の買い取り価格は70％の840万円と、勝手に減額。

さらに、更地にするための必要経費660万円を差し引き、残額は180万円……。

無残な金額と、言わざるを得ません。

帰り道、秋山夫妻の足取りは、鉛のように重かったのは言うまでもありません。

内訳	金額
植木伐採伐根費用	100万円
宅内残置動産物廃棄費用	100万円
建物本体解体費用	250万円（坪5万円）
建物基礎解体廃棄費用	100万円
土砂入替費用	50万円
消費税	60万円
合計	660万円

秋山さんの実家売却検証

◎期待販売価格のウソ　1200万円　→　1450万円

80坪の敷地は1坪価格15万円で、ABC不動産の断定した市場価格は1200万円。一方、路線価は1㎡当たり3万5000円ですから、70％で割り戻した推測市場価格は平米当たり5万円。1坪は約3・3㎡なので、1坪の推測市場価格は16万5000円。また、造成直後の宅地は周辺の相場よりも少なくとも1割高ですから、18万1500円。80坪の期待宅地総額は1452万円。端数を切り捨て1450万円です。

◎必要経費のウソ　660万円　→　440万円

ABC不動産独自の必要査定価格は660万円でしたが、彼らが直接支払う支出額は440万円。特に、秋山さんの実母亡き後、そのまま放置していた残置動産物の処理価格は実際の単価の倍以上！　ニュースで流されるショッキングなゴミ屋敷が一般化しているので、鉛筆ナメナメしても指摘されないと高をくくっています。その他経費にも、上乗せを重ね、彼らには全体を押し上げるクセがあることをご理解いただきたいと存じます。

○植木伐採伐根費用　80万円
○宅内残置動産物廃棄費用　30万円

○建物本体解体費用　　　　　　　　　200万円（坪4万円）
○建物基礎解体廃棄費用　　　　　　　50万円
○土砂一部入替費用　　　　　　　　　40万円
○消費税　　　　　　　　　　　　　　40万円
合　　計　　　　　　　　　　　　　　440万円

◎利益額のウソ　360万円　↓　830万円（裏利益470万円！）

業者は、1200万円の3割を正当な利益と記載し、推測販売額から差し引いています。その金額は360万円です。確かに、企業活動に利益がなければ、停止してしまいますから、とがめだてしようとは思いません。しかしながら、その実態は、

○査定書に記載した利益額　　　　　　　　360万円
○推測販売額誤魔化しで生んだ裏利益　　　250万円
○経費誤魔化しで生んだ裏利益　　　　　　220万円
合　　計　　　　　　　　　　　　　　　　830万円

なんと、推測販売価格1450万円の過半を超える57・24％の利益率です。これはいくらなんでも利益をむさぼり過ぎている。わずか180万円の売却額に肩を落とした秋山夫妻がこの事実を知ったなら、どう思われることでしょう。

更地売却の損益分岐点

「なるほどね、不動産屋をむやみに信じるなってことか。ちゃんと、土地の市場価格を調査して、更地にかかる費用をネゴすればさ、１８０万円の利益じゃなくて、不動産屋がガメた８３０万円も合算してさ、１１１０万円の売却益を手にできたってことか」

結論を急ぎ過ぎないでください。

「なんで？　細かいことはいいよ。大きな方針が知りたいのよ」

確かに、秋山さんのご実家は土浦市荒川沖東3丁目にあり、坪単価は16万５０００円。だからこそ、放置された戸建に強欲な不動産業者がつけ込み、売却に追い込み、彼らは思う存分喰い散らかしました。では、どんな戸建であっても、

○市場価格調査
○更地費用の適正
○不動産仲介業者を介した直接売却

をすれば、相続した戸建を売却してお金が残るのかと言うと、そうではありません。

仮に80坪の敷地が1坪1万円だったとしたら、売却しても80万円にしかなりません。これでは、建物解体どころか、樹木の伐採伐根費用も出せなくなります。

「じゃ、坪5万円ならいいの？」

その点につき、検証してみましょう。必要なデータは以下の3つです。

○一般戸建モデルデータ

○更地にするために最低限必要な経費

○売却経費

「面倒くさいなぁ……」

日本語は名詞の文化だからでしょうか、どうにも形容詞（ちょっと、すごい、めちゃめちゃ等）で物事を表現し、会話が成立してしまいます。しかしながら、論理的に考えなければ、思わぬ結末を迎えてしまうもの。秋山夫妻も、空き家となった実家を「面倒」と切り捨ててしまったため、数字ではなく感情的にアクションし、スズメの涙のような売却益で終わってしまいました。では、以下の数値をご覧ください。

○一般戸建モデルケース　…　敷地40坪　木造2階建・延床30坪

○更地化必要工事と経費　…　建物機械解体工事（木造の場合坪4万円）

敷地整備費用（最低20万円・坪0・5万円）

建物登記抹消費用（一式5万円）

○売却手数料　…　売値対応｛（3％＋6万円）×1・1｝

上記を公式に当てはめてみましょう。

最低限必要な経費は、建物機械解体費用１２０万円（4万円×30坪）と敷地整備費用20万円と建物抹消登記費用5万円に消費税14・5万円の合計１５９・５万円です。

（計算式：（１２０万＋20万＋５万）×１・１＝１５９・５万）なお、計算上の都合により、端数を切り上げ１６０万円とします。利益が出るかで出ないかの限界点を求めるには、売却のための経費を勘案しなければなりません。数式に表すと、下の表の通りとなります。

通常の戸建敷地面積は40坪ですから、損益分岐点の坪単価は約4・3万円（１７２・２８５４万÷40坪）です。ただし秋山さんの例のように、処分する樹木があるとか、基礎が頑丈すぎるとか、解体が機械解体ではなく手壊しだとすると、その限りではありません。

計算式：売値（X）－160万－（売値（X）×3%＋6万）×1.1＝0

売値を「X」に置き換えて計算すると、

X（売値）－160万－（0.033 X（売値）＋6.6万）＝0

X（売値）－0.033 X（売値）＝160万＋6.6万

0.967 X（売値）＝166.6万

X（売値）＝172万2854円

空き家が放置し続けられる理由（固定資産税と都市計画税の減免解除）

令和の日本、総住宅総数6242万戸のうち、空き家総数は864万戸……。

これは紛れのない事実です。

「人口減少だからね……。仕方ないよ」果たしてそうでしょうか。

人が住まぬことで、家がなくなるなら空き家は解体を待つだけであり、空き家の数は一定のはず。ところが、昭和38年に2・5%だった空き家率は平成5年に9・5%そして平成25年に13・5%となり、現在は13・8%と微増です。

「ふ〜ん、何か理由があるの？」

最大の理由は税制と、言い切っても過言ではありません。

「ぜいせい？　いったい何を言いたいの？　空き家に税金ってかかるわけないじゃない」

空き家に特別税があるわけではありません。家屋を取壊すと、それまで減免されていた土地の税金が上がるのです。仮に、秋山さんの実家の税金が土地だけに課税されていたとして、建物を解体し抹消登記すると、6万円の固定資産税は6倍・2万円の都市計画税は4倍！　つまり、それまで年間8万円だった税金は44万円！！　これでは、高い金で建物を解体しようとするはずはない。結果、空き家の数だけ増え続けています。

積極的解体業者の思惑

地方と違い、大都市の築古建物や年期の入ったビルは、気が付くと解体され更地となり、新築の建物が建設されています。そこで、活躍するのは、勿論、解体業者です。

建物解体費用の相場坪単価は木造で4万円・鉄骨で8万円・RC造で10万円です。ただし、解体現場の前面道路の幅員は6m以上あり、隣接する建物と一定の距離があり、10屯トラックが現場まで入れなければなりません。こうした解体現場では、建物を油圧クラッシャーで解体し、そのまま大型ダンプで運び出しできる故、安価なのです。

「って、ことは機械壊しじゃなくて、手壊しになったりすると……」

そう、木造戸建の坪当り解体費用で言えば4万円の倍である8万円は当たり前。それ以上の価格を請求されることも良くある話です。

そしてビルの解体だと、基礎杭も一本残らず引き抜かなければ、更地として売却できません。築古建物の所有者の元には、頻繁に解体業者から、営業電話がかかってきますが、鵜呑みにしてはなりません。彼らは皆さんの将来ではなく、己の利益に焦点を当てています。秋山夫妻のように、抜き差しならぬところまで追い込み、多額の請求をし、自らの利益の最大化を図る強欲な業者もまぎれこんでいることを忘れてはなりません。

持分相続のデメリット

不動産は、使用権・抵当権・処分権の3つの権利を同時に活用できる稀有な資産です。

わかりやすく申し上げると、

○使用権　：　店子から家賃を受け取り（所有者と店子）
○抵当権　：　金融機関から不動産を抵当権に入れて金を借り（所有者と金融機関）
○処分権　：　収益物件として不動産業者に売却を依頼（所有者と仲介業者）

上記3つの権利を同時に独立して活用できるわけです。ところが、不動産のそれぞれの権利は所有者100％の意思がなければ、実行できません。

「所有者は1人なんだから、当たり前でしょ」

それが、そうでもなくなるのが、相続です。仮に、ご実家を3人の子どもで3等分の持分相続したとします。全員一致であれば、問題ないのですが、3人のうち、1人でも反対すると、賃貸に出すことも、売却することも、担保に入れてお金を借り入れることもできない中途半端な不動産になり果ててしまいます。相続において、持ち分相続を選択すると、争いの引き延ばしに過ぎなくなります。絶対にセレクトしてはならない選択肢なのに、なぜか、選びがちな持分相続。ご認識いただければ幸いです。

住宅ローン完済者の戸建はなぜ賃貸に出ないのか

令和の日本では年利1%も珍しくない住宅ローンですが、

○1985年前後の公庫の金利は5・50%であり、民間変動金利は7・80%

○1990年の公庫の金利は同じく5・50%でしたが、民間変動金利は8・50%

「30年以上前のことを言われてもさ、関係ないじゃん」

その苦い記憶が障害となり、賃貸住宅として使用可能な空き家が賃貸住宅に回されていません。具体的に申し上げますと、仮に3000万円を30年返済の住宅ローン（ボーナス無）で借りると月々の返済額は以下の表の通りです。

よろしいですか？

多くの住宅ローン返済者は、毎月13万〜23万円の住宅

借入先	金利	毎月の返済額
公庫・銀行	3.0%	12万6481円
住宅金融公庫	5.5%	17万0336円
民間金融機関	7.8%	21万5961円
民間金融機関	8.5%	23万0674円

※バブル崩壊後の住宅ローン金利

ローンを毎月毎月、
○ボーナスが減ろうが
○教育資金にお金がかかろうが
○親の葬式や友人の結婚式が重なろうが
○転職して給与が減ろうが
○はたまた、会社が倒産しようが、

四苦八苦しながらも、返済し続けてきました。その結果こそ、住宅ローン完済という快挙です。にもかかわらず、賃貸に出して年金の足しにしようと、ネットで賃貸価格を調べると、良くて月額7万や8万円……。2ケタ万円に届く気配すらない。

○賃貸価格の倍以上の住宅ローンを支払い貸そうと思えるでしょうか？　30年以上、
○固定資産税や都市計画税を納税し
○補修箇所が出れば、自分の責任で補修してきたのです。

「俺だったら、イヤかな……。だって、なんか損したみたいじゃない」

そう、それが真っ当な考え方です。

確かに、賃貸に出せば、いくらか得になるとわかっていても、

悔しいぃいい

という感情を抑えるほどには至らない。それこそが空き家があるのに、まだまだ使えそうなのに、賃貸市場に空き家がステップアップしない理由です。

「なるほどね……。でもさ、何とかならんもんかね」

人は己の経験の中で日々を暮らしています。そして60歳を軽く超え、70歳を過ぎる頃になると、自分自身を丸々変えるなんて無謀な行為に走る人は数えるほどしかいません。他人が〝もったいない〟と、思っても、不動産の使用権を行使できるのは所有者のみですから、空き家が賃貸住宅に大幅に供給されることはあり得ないのです。

「でもさぁ……」

そこで、相続を契機として、解体して更地にして売却しても微々たるお金にしかならない「負の不動産」を毎月毎月、家賃を生み出す「富の不動産」に変革してはどうでしょう。相続された方々に住宅ローンの重圧に苦しんだ歴史はありません。真正面から不動産の価値を上昇させ、6万円~8万円の家賃を受け取れば、家計の足しとなり、財務基盤を強化させる一助になることは間違いありません。次章から「負動産」を「富動産」に変貌させる手順について解説して参ります。

第2章

立地とリフォームの方向性

人口密度から判断する賃貸需要

見渡す限り人がいない、コンビニもスーパーも、どこにもない。おまけにクルマで移動もできない。そんな場所の戸建は、どんなに豪華で最新式の設備が用意されていようと、入居を希望する店子さんは存在しません。

逆に、真っ昼間でも暗く、15㎡に満たないワンルームであったとしても、山手線の駅から徒歩5分圏内であれば、入居を希望する方は、ワンサカいます。

動かない資産と書いて、「不動産」です。ですから、相続されたご実家が、いったいどんな場所にあるのか、客観的な目で判断しなければ、リフォームの方向性は定まりません。

「いやいやいや、生まれてから高校まで住んでいたんだからさ、わかってますよ。何で調べるのか、わからんけど、意味ないと思うな」

このわかったつもり、知ってるつもり……。

確定しない根拠に基づく判断こそ、**致命的な失敗の遠因**となるものです。悪いことは申しません。さほど時間がかかるわけじゃありません。パソコンを開き、何度かの検索で現在のご実家の数値を、ご確認いただきたい。

まず、「市区町村名」で検索し、ウィキペディアで人口動向と1平方キロメートル当た

千葉県木更津市の人口構成

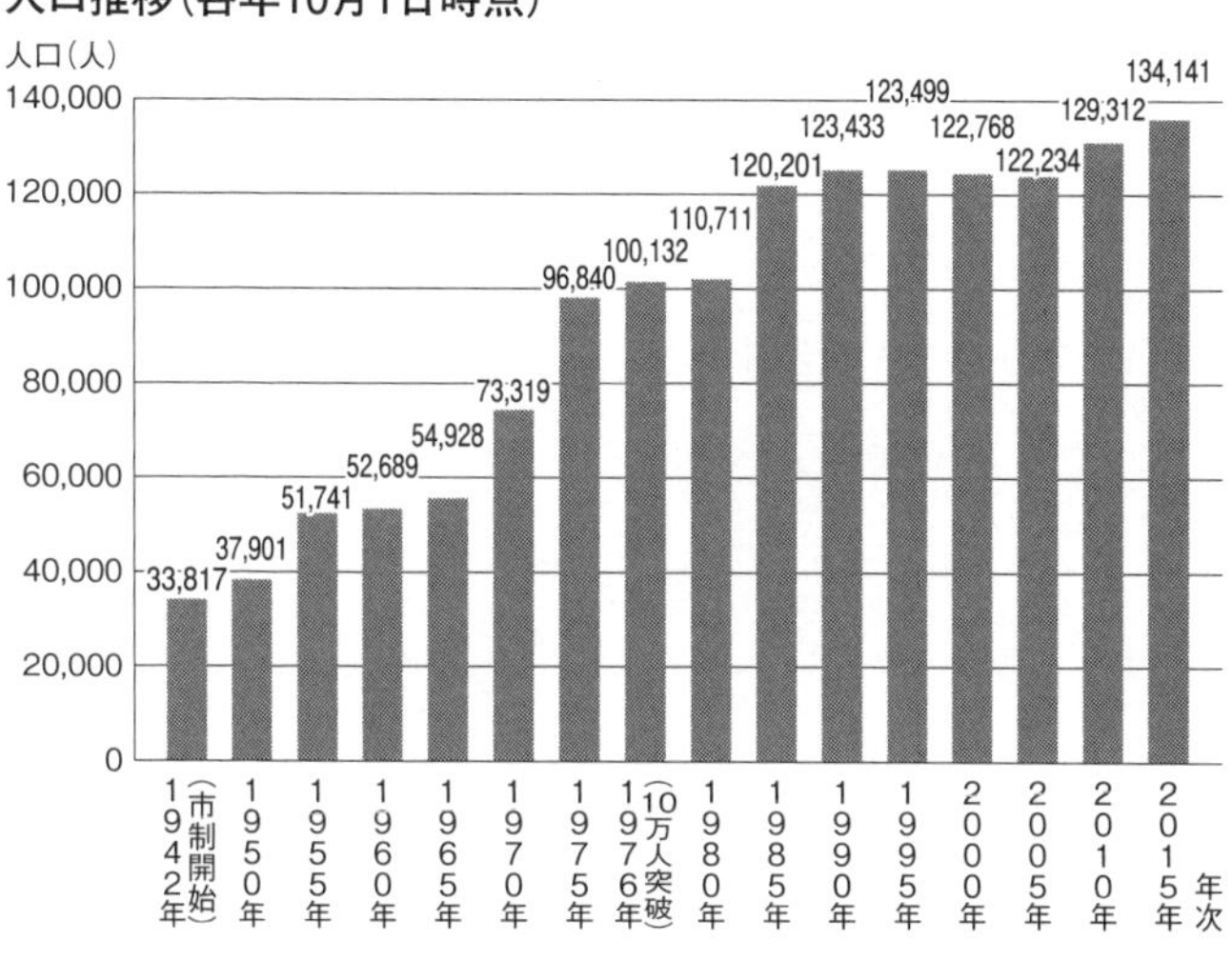

りの人口を確認してください。これは、ご実家が位置する市区町村の賃貸需要基礎的調査となります。

人の記憶は、往々にして停滞します。

大学進学で故郷を離れた方々の故郷に対するイメージは良くも悪くも、離れた時点で凍結されることが多く、現状との乖離(かいり)が激しいと、決断した選択肢によっては、致命的な失敗になる恐れがあります。

ご実家の位置する市区町村のウィキペディアサイトの「人口」の数値に着目してください。ここでは、例示として**「木更津市」**を例にとってみます。

ご覧のように、1950年から着実に人口増加しているのですが、1995年の12万3499人を頂点に、徐々に人口減少に転じています。もしも2000年前後に木更津を離れた方だったとしたら、**(木更津は、もうダメだなぁ)**と、信じ切っているかもしれません。

そして、土浦市の秋山ご夫妻のように、スズメの涙金で相続したご実家を売却する決断をしてしまうかもしれないのです。ご用心、ご用心。

木更津市の人口がなぜ減少に転じたかと言うと、1997年にアクアラインが開通し、景気が良くなるどころか、ストロー現象で千葉の房総半島から、対岸の川崎市に買い物客が流れ、地元は火が消えたように不景気になったからです。

その後、アクアラインの通行料金は、ETC割引により劇的に下がると同時に、木更津郊外の三井のアウトレットモール開業も寄与し、現在の人口は13万5836人！　市制開設以来、最大人口となっています。

サイト上部の左に目を転じてみると、1㎢当たりの人口は978人。賃貸需要のひとつの目安は約1000人ですから、利便性に問題なければ、賃貸需要は普通に存在する地域であるとわかります。

「なるほどね、でもさ、それだけで判断できるものなの？」

最初に、ご実家の位置する市区町村の賃貸需要基礎調査と、申し上げました。ここから、個別物件収益力調査に入ります。

「どういうこと？」

利益を生まず、固定資産税や都市計画税そして、近隣からのクレームに対応する修繕費用など、支出ばかり発生する「負動産」を、所有者に富を運び続けてくれる「富動産」にするためには、リフォームを実行したなら、どれだけの家賃を生み出してくれるのか、確認しなければなりません。

「なるほど、おっしゃるとおりだね。だったら地元の不動産業者に聞けばいいのか」

それはやめてください。

その、不動産屋に丸投げするアクションは、地獄の釜のフタに手をかけるほど危ない。

土浦の秋山ご夫妻の例をお読みになったはず。

なぜ、ストーリー仕立てにしたのかと言えば、皆さんにより身近に、よりわかりやすく理解していただくためです。荒唐無稽の話ではありません。これまで数多くのご相談を受けた中からピックアップした実例をベースにしています。

「で、どうすりゃいいの？」

戸建であれば「市区町村　戸建賃貸」、マンションであれば「市区町村名　マンション賃貸」で検索してください。検索結果の上位から順番に掲載されています。HOMESもしくは、SUMO、アットホームなど、上位に掲載されているサイトをクリックし、実際に入居募集されている情報を確認してみましょう。

○最寄りの駅からの徒歩距離

○種別（戸建　マンションなど）

○間取り（3LDKや4LDKなど）

○築年数

上記の選択肢で絞り込み、類似物件を3〜5物件程度ピックアップしてください。

次に、家賃・駐車場料金・管理費を全て合算し、ピックアップした物件の総延べ床面積で割ると、平米当たりの期待月額家賃が算出できます。あとは、皆さんが相続されたご実家の延床面積をかければ、期待月額家賃が導き出せます。

周辺の㎡当たり期待月額家賃＝類似ケース総家賃　÷　類似ケース総延べ床面積

対象不動産期待月額家賃＝周辺の㎡当たり期待月額家賃×対象不動産延床面積

「これだけ？」

そうです。すべての数値は主観を排除した現在の客観数値であり、導き出された皆さんのご実家の期待月額家賃はリフォームを実行した後、「負動産」から「富動産」に変貌した新生賃貸物件が生み出す、実現性の高い金額です。

「うちの実家をさ、ちょちょっと調べたら、月7万円だったよ。でも、今のままで貸せる

賃貸需要の判断基準

1㎢当たり人口密度

500人以下	1等地以外、賃貸需要はない
500人～1000人未満	場所を選べば、賃貸需要はある
1000人～5000人未満	普通に賃貸需要は存在する
5000人以上	どこであっても賃貸需要はある

わけじゃないんでしょ。いくらかかるのかわかんないんだけど」

ご理解いただきたいのは、相続されたのですから、元手はゼロ。月額7万円ということは年間84万円です。

仮に、リフォーム費用が84万円なら**年間利回りは100％！**

倍の168万円でさえ年間利回りは50％！　2年で回収できます。そして収益物件として考え、捨て値の年間利回り15％で売却すると、売値は84万円÷15％ですから560万円になります。金喰い虫だった「負動産」が、お金を毎月毎月運んでくれる「富動産」になったと、お感じいただけるものと存じます。

それでは、上に1㎢当たりの賃貸需要を掲載します。

ちなみに、東京都23区の人口密度は1万5400人です。

2

街中戸建との付き合い方

☆少ぉ～し愛して、長ぁ～く愛して☆

印象は日線で変わります。

毎日通った小学校の校庭……。同窓会や偶然、通りかかり、目にされたグランドはどうでした？　おそらく（こんなに狭かったかな？）と、多少のがっかり感が皆さんの胸を去来されたことでしょう。そして、この感覚は皆さんのご実家にも当てはまります。

地元を離れ、誰も住まなくなった実家。久方ぶりに、ご覧になったご感想は？

「いや、なんか変な感じだったたな。いるはずの人がいないし、台所とか、おフロとか、自分の部屋とか、こんなに狭かったかなって。ずっと、いたいって思わなかった」

最初の奇妙な感覚は、いるはずのご両親がいない心理的視点の変化、そして狭いと感じた違和感は、物理的に高くなった視点の変化です。

人の心は、重層的です。

現在、自分は自分だと認識できているのは表層意識ですが、明日には潜在意識の一番外側に置き換わります。そして、ご実家への認識は、潜在意識の内部に厚く重なり存在し続けています。だから、現実のご実家をご自分の目で見ても、受け入れられない。

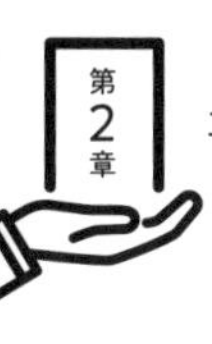

なぜなら、あの、大きくて、温かくて、安心できた、皆さんが認識されているご実家と、年月を経たご実家は、あまりにもかけ離れているからです。

「そう、言われりゃ、そうかもな。足が向かないって言うか。オヤジやお袋の私物も手付かずのまま、もう数年過ぎちまったな」

ご実家は、年月を経てはいますが、皆さんが過ごしたあの頃と、その内部は少しも変化していません。建物は人によって生み出され、人と共に生きてゆく存在です。言葉を変えれば、人に愛され続ける建造物は、年月に関係なく、実力を発揮できるのです。

「いやいや、うちの実家は法定耐用年数を10年も過ぎた築32年の木造だからさ、もう限界だよ……。残念だけど」

何をおっしゃいます。西暦６０５年（推古天皇13年）に創建された法隆寺は木造建築でありながら、令和の今も現役！　多くの観光客を集め続けています。木造建築の法定耐用年数は22年ですが、法隆寺に当てはめるならば、64回も更新しています。

「言われてみりゃ、そうか。何から始めればいいのかね」

ご実家を愛していただきたい。ご実家の底力を信じていただきたい。さすれば、皆さんが相続されたご実家は、語りかけてくれます。どこをどう直して欲しいのか。何を更新すれば、もっと輝けるのか……。彼ら彼女らの声に耳を傾けてください。

☆ご実家のホメるところをいくつも挙げてください☆

人は、誰でもけなされ続けると「やる気」を失い、活力が無くなり、消えてしまいたいと思うもの。人に生み出された建物だって、同じです。建物は人と長く暮らしたからでしょうか、犬や猫のように、身近な人の気持ちを理解します。

時の移ろいとともに、実家を離れ、自然の摂理によりご両親が他界され、気にかけてくれる人の視線がなくなった、皆さんが相続されたご実家はネグレクト状態です。

「な、なんか可哀そうになってきた。どうすりゃいいの?」

ホメてください。

「ほ、褒めるって、どこを? 築古だし、汚いし……」

人はケナスことが得意。自分のことは棚に上げ、誰彼区別せず、日本の首相のみならず、アメリカ大統領も一流アスリートも己のまな板に載せ、一刀両断にし悦に入ります。

ケナし、罵倒し、否定すれば、ひと時の間、満足感を得られるでしょう。では、その後何があるのか? 何も得るものはありません。

築年数は古いけれど、雨漏りせず、しっかり建っている。駐車スペースはあるし、水道ガス電気が使えるし、少し直せば、家賃次第で入居者はいる! この当たり前の事実を認め、ご実家をホメて、みませんか? そこからすべては始まります。

☆キャッチフレーズをいくつか挙げてみる☆

ホメる場所を、いきなり挙げて見ろと言われても、戸惑うのは当たり前です。なにせ、相続された皆さんのご実家は、毎年毎年、固定資産税や都市計画税を支払わなければならず、ご近所から、あれやこれや文句を言い募られていた「負動産」……。

土浦市の秋山夫妻のように、今すぐにでも手放したい。欲しいと言う人がいるならば、タダでもいいから上げたいというお気持ちに追い込まれるのは理解できます。

ただ……。

「ただ、何？」

少なくとも、ご両親が精魂かけて新築され、一生をかけて住宅ローンを支払い、皆さんが育った家です。どこかに長所はあるはず。一言で言うと、その取り柄は何でしょう？ キャッチフレーズのような短い言葉で言うと、どう表現できますか？

私なりに、思いつくフレーズを挙げてみましょう。

◎陽当たりと風通しのいい戸建　◎商店街まで歩いてすぐ　◎駐車場が3台分
◎市内を一望できます　◎騒音とは無縁です　◎駅まで走って5分
◎広々としたリビング、会話が弾みます　◎二世帯で住めるだけの部屋数が自慢です

思いつく限りのキャッチフレーズを上げてみると、愛おしくなってくるものです。

街中戸建のリバイバル法

駅から2キロ圏内の戸建住宅の賃貸需要は高い。なぜなら、郊外が発展した現在でさえ、病院や市役所そして日用品の購入場所は駅に近い場所にあるからです。

従前のまま、リフォームを実行し、皆さんが暮らした往時の姿に戻すだけでも、入居希望者は現れます。以下に記載するリバイバル法は、それぞれの戸建の魅力をレベルアップする手法です。皆さんご所有の戸建の生来の性格に合わせ、もしくは独自のアイデアを化学反応させ、生まれ変わらせていただければ幸いです。

☆イスラム教徒向けの住宅に改造☆

令和の日本は、移民促進に積極的でありながら、他国の生活習慣にうとく（人は同じ。自分たちとそう変わらない）と思いがちです。一方、他国の生活習慣は宗教と密接に結びついています。特にイスラム教徒は、スンニ派・シーア派に限らず、豚肉を忌避する「ハラル」に厳格。そこで、相続されたご実家を以下のようにリフォームすると効果的です。

◎キッチンを入れ替えシートで覆い、豚肉フリーの文字をアラビア語で印刷

◎床をタイル張りにし、靴と絨毯(じゅうたん)のスタイルに一変

◎それぞれの天井に「Kiblat」「Qibla」（キブラッ）でメッカの方角を表示する

入居募集は「イスラーム文化交流」で検索し表示された団体に連絡すると効果的です。

☆防音室のあるシェアハウス（音大生・芸人向け）☆

平成最後のM-1の参加者総数は5040組でした。1組2人としても単純計算で、1万人のお笑いを目指す方々が存在しています。そして、ピアノやバイオリンに声楽から、歌い手を目指す方も、途方もない方々がいらっしゃいます。ところが、練習場所に困る。カラオケボックスではお金がかかり、公園や河川敷では、天気に左右されますし近隣住民には迷惑そのもの。そこで、彼ら専用の戸建に改造してはどうでしょう。

◎シェアハウスとして複数の人に貸し出し、1人当たりの家賃を下げる

◎防音を施した6畳の部屋を用意

◎演奏や漫才のパフォーマンスを、スマホで撮影し、確認できる設備を設置

メッカの方角を指しているキブラッ。イスラム教徒用にホテルなどで天井に貼る

☆花粉症対策を施した居室☆

ある統計によれば、首都圏の花粉症に悩む方の割合は9割近いそうです。こうなると、入居環境にも、花粉環境も入れても良いのかもしれません。そこで、

◎寝室の密室度を高め、高機能のエアコンを設置

◎ダイソンの空気清浄機をエアコンと同様の設備として貸し出す

キャッチフレーズに「寝室の花粉症対策済」と記載しては、どうでしょうか。

☆4DKなら3LDKに、減室により広々とした空間へ☆

1世帯当たりの居住人数は減少しています。部屋の数よりも過ごしやすさが重視されるようになりました。ならば、4DKや5DKを3LDKや4LDKに減室すれば、居住者の満足感は高まります。

☆バイク置場に改造☆

都市部のクルマ所有率は減少していますが、バイクや高級自転車の所有率は徐々に高まっています。ところが、バイクや高級自転車は盗まれたり、いたずらされるリスクがクルマよりも高い……。オーナーの悩みはつきません。そこで、コンテナ型のバイクや高級自

転車専門のトランクルームを増設してはどうでしょう。引き合いが殺到するのは間違いなし！　人口密度の高い場所だからこそ、実行できるリバイバル法です。

☆シャッター商店街なら、1階を透明シャッターで魅せる駐車空間に☆

人気のないシャッター商店街のリバイバル法は、1階店舗を駐車場と浴槽に改造し、2階をリビングと寝室に作り替えることです。その際、シャッターを透明にし、壁に工具を掛けられるようにすれば、魅力的な駐車空間に変身！　高級車のオーナーが借りてみたい賃貸住宅になることでしょう。

バイクや高級自転車を入れられるトランクルームの設置

☆準工業や商業系地域ならば、簡易宿泊所という選択肢☆

民泊は365日のうち180日しか営業できないなど、いまだに規制が厳しいのですが、用途地域が準工業や商業地域であれば、簡易宿泊所の開業が可能です。簡易宿泊所は365日の営業が可能ですから、多少の投資を飲み込む利益を期待できます。

☆暗い部屋がデメリットなら、完全に暗室化できる部屋へ☆

暗い暗いと嘆くなら、日当たりの悪いデメリットをメリットに変えるリフォームを選択するべきです。例えば、カメラマン志望の学生やアシスタントは、広い暗室を求めています。暗室の必要とする機能は、水道と排水設備があり、コンセントが複数あり、換気口を移動できればＯＫ！　作業台やその他の設備は、入居者自身で用意していただけます。

☆広い家屋であれば、大手企業の運営するディケアセンターに貸し出し

信用力の低いディケアセンターや老人ホームに貸し出すのは、リスクが高い。なぜなら、入居者が破綻すると、残された老人の行き場所に困るからです。一方、本業がしっかりしており、ちょっとやそっとのことで破綻しそうにない企業が運営する会社であれば、破綻のリスクは少なく、賃貸先として許容できます。

☆人口密集地域の戸建であれば、倉庫に改造することも視野に入れる

高島屋や三越や伊勢丹で商品をじっくりと吟味し、帰

1階をディケアセンターなどに貸し出す

宅してセレクトした商品を通販会社で注文し、宅配で受け取る……。百貨店の担当者が激怒してしまう消費者の商品購入スタイルが当たり前の世の中になりました。

「だと思うよ。休みの日なんか、（パパ、宅配出てくれる？）って、何度もハンコ持って品物受け取ってるもんな。自分で注文した覚えもないのに。どうかしてるぜ」

その昔、百貨店でお買い物をするのは、ステイタスでした。一家で百貨店に行く日には正装したものです。それが今では、商品説明の担当者に成り下がってしまいました。

その一方で、攻勢をかけ市場を席捲しているのが、ネット企業と宅配業者です。ネット企業は大量販売による低価格を実現し、店舗系商店を駆逐中。そのビジネスモデルを支える宅配業者も、急成長を遂げています。

ところが、アマゾンの日本進出により、事態は根本から変革中です。それまで、ネット企業と宅配業者は持ちつ持たれつの関係でしたが、アマゾンは宅配部門にも触手を伸ばしています。人口密集地域のラスト・ワン・マイルの物流倉庫の獲得に血道をあげています。皆さんの相続されたご実家が、そうした人口密集地域にあるならば、倉庫としてリフォームし、リバイバルさせるのも選択肢のひとつです。

1階を倉庫に改造するのも視野に入れる

☆2世帯住宅ならぬ1・5世帯住宅で家賃を1・5倍！☆

親と子ども世帯がひとつ屋根の下に暮らす2世帯住宅。その変形が、賃貸併用住宅です。

「2世帯ねぇ。いや、相続した実家はさ、もともと3世帯住宅だったんだよ。じいちゃん、ばあちゃんに、ウチの家族に出戻りのオバサンだっけ？　全部で7人か8人いたな」

で、どうしてます？

「ほったらかし。だって、どうしようもないもん。増築に増築を重ねちゃってさ、8DKだよ。階段は中にひとつだし、外につけるのも……、ねぇ？　やっぱ、壊すか」

部屋数の多いご実家を一変させる方法こそ、「2世帯住宅ならぬ1・5世帯住宅」です。

「どういうこと？」

8DKを4LDKと1LDKに分離し、子育て家族と独身者併用住宅に変身！

「どうやって？」

1階のおフロ近くの部屋を背中合わせにおフロとキッチンに変更し、勝手口を独身者の玄関に変更します。1階中央の階段に壁を作り、子育て中の家族は1階半分と2階を単独居住者は1階半分を使用するわけです。これで1・5世帯。8DKだと家賃は8万円前後だったものが、1・5世帯だと12万円まで期待家賃ははね上がります。リバイバル法として検討していただければ、幸いです。

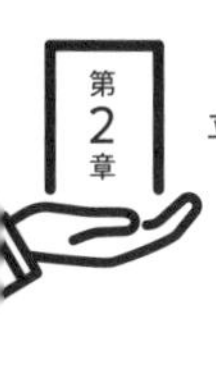

郊外戸建のリバイバル法

駅を基点に、１km前後は徒歩圏であり、２km前後までは自転車圏、そして３km以上になるとバス圏となります。賃貸需要が確実に存在するのは、２km前後……。

無論、相続されたご実家の３００m範囲内にアパートがあるならば、駅からかなり離れていたとしても賃貸需要があると判断できますが、そうでなければ、確約できないと申し上げる他ありません。郊外戸建の定義は、駅から3~５km離れた場所。近くにスーパーやコンビニはないけれど、住宅は連なっている場所です。こうした戸建住宅を以前の状態にリバイバルしても、賃貸需要を掘り起こすことができるとは限りません。

「なんだよ、それ。ここまで来て見捨てるのかよ」

そうではありません。賃貸需要が希薄ならば、濃度を高める方向性を決めればいい。そのためには、賃貸入居者の嗜好（しこう）を確認しなければなりません。

☆駐車スペースの拡充に焦点☆

一昔前、クルマは一財産でした。一家に一台、持てるかどうか

池や庭をつぶして駐車スペースの増設

でした。現在、地方のクルマは足替わり。だからこそ、高級セダンよりも、軽自動車が人気なのです。クルマの駐車スペースの増設こそ、注力すべきリフォームの方向性です。

☆池や庭は潰すべし☆

新築戸建や転売戸建を売り出す際、植木がなければ、購入者はいません。だからこそ、緑とは無縁の都会のど真ん中のタワーマンションにも、見事な植栽が見られます。

郊外に立地する、相続されたご実家を賃貸住宅にリバイバルする際は、漫然とリフォームをしてはなりません。仮に、地元の工務店や不動産会社に相談すると、価格が高くなる弊害は勿論ですが、リフォームの方向性が完全に間違ってしまいます。

「どこがどう、違ってくると言うの？」

不動産会社や工務店が提案するリフォームプランは、転売用リフォームです。庭を手入れし、場合によっては樹木を入れ替え、見た目最高のプランを仕上げてきます。

樹木が多い戸建は賃貸に向かない

転売目的であれば、それもいいでしょう。しかしながら、賃貸目的となると評価は一変します。満開の桜は落ち葉の始末や毛虫の恐怖、そして枯れた場合の責任所在を突き付けられることになります。そして見事な池は、水質の汚れや蚊の発生源として嫌われてしまいます。賃貸入居者の嗜好は、庭の見事さにはなく、自分たちの足となる自動車の駐車台数です。さらに申し上げれば、庭で洗車可能な水道と排水口の整備、そして車内清掃用の電源です。

目的に応じたリフォームの方向性を決めなければ、投下資金はムダに終わります。

☆残す和室の畳の縁はラメ入りの派手なものに☆

築30年を超えた戸建住宅の特徴は、和室割合が50%を軽く超えることです。４ＤＫの間取りで洋室はキッチンダイニングだけ。その他はすべて和室なんて住宅が当たり前。就寝スタイルが敷布団でしたから、当然の成り行きでした。

一方、現在の就寝スタイルはベッドですから、畳に跡が

満開の桜も落ち葉や毛虫で嫌われる

付きにくい洋室の割合が高くなっています。では、すべての和室を和室から洋室にすれば良いのかというと、そうでもない。なぜなら、いまだに敷布団は40％弱存在しますし、和室がひとつもない住宅は、どこか温もりのない住居に感じてしまうからです。

賃貸住宅として需要を高めるには、和室割合を50％以下にすること。3LDKだと1室、4LDKであれば2室、5LDKの場合も2室が和室の占める限界数値です。

では、残しても良い和室は、畳の表替えだけでいいのかと言うと、味気ない。一工夫するべきです。

「何すりゃいいの？」

畳の表替えをする際、畳の縁をラメ入りの金やピンクに縁など、刺激の強い縁にしていただきたい。実は、賃貸入居者には「和モダンスタイル」として人気です。ところが、転売用の畳の縁は黒や濃紺が無難です。賃貸派と購入派は、こんなポイントも違います。

賃貸の畳縁はカラフルなものが人気

集落から離れた場所の戸建リバイバル法

集落から離れた戸建の定義は、駅から5㎞以上離れ、近隣に集落はないものの、庭はやけに広い……。はっきり申し上げますが、こうした場所の戸建住宅に、本来、賃貸需要はありません。よほどの物好きか、世捨て人しか興味を持たないと言っては言い過ぎになるかもしれませんが、当たらずとも遠からずと思っていただければ幸いです。

物事を改革するには、現実を直視しなければなりません。現実を見極め、どうすれば、入居希望者が現れるか、周辺環境も合わせリフォームの方向性を見定めなければなりません。

その際、コンパスとして役立つのは、**想定入居希望者**です。周辺環境を含め、誰が入居に興味を持つのか、その人物の趣味嗜好はどんなものか。彼ら彼女らの趣味嗜好を刺激するには、どのようなリフォームを実行し、どんな設備を設置すれば良いのか。何度も何度も試行錯誤を重ねながら考え抜く！　幸いなことに、戸建住宅ですから、1人の入居者で、満室御礼の立て札が立ちます。エッジを効かせたリフォームプランを立てたなら、想定入居者によく似た関係者にヒアリングをしてみる。この段階で費用は発生しませんから、やりたい放題です。そうこうしているうちに、（いいねぇ、それ絶対入るよ。なんなら、オレが借りる）そういう声に出会うのです。

以下は、物件の特徴にエッジを効かせたリフォームプランです。

☆家庭菜園を楽しめる別荘として企画

本プランは、近隣に誰もおらず、スーパーやコンビニもない、生活利便性の低い戸建のリフォームプランです。ただし、市内からクルマで30分前後の場所に限ります。

さて、こうした戸建をどう賃貸住宅に活かすかですけれど、単にリフォームしても評価してくれる賃貸入居者はいません。こうした住宅を好む想定入居希望者は趣味の世界を大事になさる方です。

土地価格が安いのですから庭も広い。広い庭があるなら、畑に改造する。畝をつくり、黒いマスキングで覆い、雑草が生えないようにしてアピールします。畑の隣には、1畳から2畳のDIYで売っている小屋を建て、中には長靴とボンベで駆動するホンダのミニ耕運機を備え付けます。小屋の隣には、浸透式の排水口と水道を設置し、

趣味の家庭菜園が楽しめる別荘に

農作業で汚れた長靴を洗えるようにしておくのです。

「なんか、面白いけどさ、見学に来た人にはどう伝えるの?」

こうした物件に興味を持つ方は、家庭菜園を本格的にやってみたい人です。でも、踏み出せず、悶々(もんもん)としていたわけです。だからこそ、内見に訪れた方には、長靴を履いてもらい、耕運機を実際に動かしてもらいます。驚くほど速く申し込みが入るはずです。

☆天井を取り払い、囲炉裏を設置。異空間としての魅力☆

本プランは、広い庭は望むべくもない、急峻な立地だけれど、見晴らしの良い場所に立つ戸建のリフォームプランです。市内からクルマで50分以内の場所に限ります。これ以上遠いと、頻繁に訪れることができず、賃貸物件としての魅力がなくなります。

こうした場所の近くには、流れの速い河川や見晴らしの良い山やダムなど、何かしら人々を引き付ける観光地があるものです。そして、本物件の想定入居者は、都会の喧騒から離れ、ゆったりとした時間、思索の時を大切になさり

囲炉裏を設置して異空間を演出

たい方……。

リフォームの方向性は、想定入居者の要求を満たすものでなければなりません。

「ヒマを求める変わり者って奴か、どう変えようっていうの?」

急峻な場所にある戸建の多くは2階建てではなく平家です。

天井には、ぶら下げタイプの照明がついている……。これでは、当たり前。想定入居者の興味を刺激するには、天井を一枚残らず外し、高圧洗浄でホコリを洗い流してください。そして、梁(りょう)や屋根裏の木材に防炎機能を持つ『SOUFA』(3章で解説)を塗り、乾いた後に水が染み込まなくなる『防水一番』をかけると、ホコリまみれになりにくくできます。そして、決め手は天井から鍵爪がぶら下がった囲炉裏(いろり)です。軒先には、マキをうずたかく積み、内見者に囲炉裏を体験してもらいます。これがキラーアイテムです。

☆海が近く、サーフィン可能な場所に建つ戸建☆

本プランは、市街から遠い。でも波の音が近くで聞こえる戸建に相応しいリフォームプランです。

想定入居者は、もちろんサーフィンを心の底から愛するサーファーの皆さんです。彼らは、サーファーを続けるために月曜から金曜日まで生きているといっても過言ではない方

ばかりです。ひとりでサーフィンを楽しむこともありますが、海で知り合った仲間と時間を過ごすことも、大切にされています。

〝人間には2種類いる。サーファーかサーファーじゃないかだ〟。こんなエッジの効きすぎた主張を大真面目に仰る方もいるのですから、彼らの要望に沿った物件ならば、人気になるのは当然です。リフォームポイントは、

◎サーフボード置場を複数設置
◎圧縮空気のコンプレッサーを備え付ける（ウエットスーツやサーフボードの砂除去用）
◎庭にレンガ造りのバーベキューセットを設置。広いウッドデッキも訴求力抜群！
◎庭に複数のコンセントと水道、そして温水シャワーを増設
◎寝具はハンモックとし、柱に鍵とハンモックを複数用意

以上5つです。泳ぎ疲れ、我が基地に着いたサーファーをイメージしてみてください。

どうです？

「イメージしろって……。

そうだな、季節は10月頃にしようか。そろそろ冷え込み始めた頃だ。時間を忘れて、日没になったから海から上がったわけだ。身体は芯から冷えてるな。クルマから崩れ落ちるように降りて、シャワーをあびると、温水シャワーが身体を温めてくれる。そうこうして

いると、先に上がった仲間がバーベキューを始めていてさ、『なに、チンタラやってんだ。こっちは先にやっているぞ』って、酒盛りの最中だ。

楽しいだろうな。眠るのはユラユラ揺られながらハンモックか……。こりゃ、借りたくなるわ。もちろん、湯舟もあるんだろ？」

大きな浴槽であれば、体裁を整える必要はないでしょう。湯舟のサイドは、ブロックを積み、コンクリ仕上げでも構いません。外からそのまま、入れる形式が喜ばれると思います。想定顧客の動線を考え、利便性高く構成することが大切です。大勢で利用することを考えれば、サーフショップに転貸してもビジネスは成立します。誰のニーズを満たすか、想定される利用形態は何か。イメージすれば、あるべき姿が見えてくる。リフォームプランは、ベストイメージから生み出されてくるのです。

サーフショップに転貸も可

☆水深の十分な河川に添った住宅☆

本プランは、梅雨時だけでなく、雨の少ない時期にも水深が浅くならない河川に添ったリフォームプランです。

釣り番組がＢＳだけでなく、地上波でも放映され、〝釣り〟に限定した雑誌も複数発刊されているように、釣り人は意外と多いものです。

彼らの心からの願いは、自分で舟を所有し、釣り三昧に明け暮れる生活です。とはいえ、プレジャーボートを維持するお金はバカにできません。

そこで河川際に建つ戸建の有利さを最大限発揮すれば、確実に賃貸入居者は現れます。もちろん海岸の護岸沿いの戸建であっても構いません。

「意味がわからん。川とか海に面していてもさ、船を停泊したら、河川法とかで罰金払わんとならんし、最悪、逮捕されるでしょ」

ボートを常時停泊させると、川が氾濫すれば流されるでしょうし、台風が来れば粉々。何をしているのかわかりません。だからこそ、ヨットハーバーがあり、バカ高い入会金と使用料がまかり通っています。それを打ち破るのが、裏庭に置いたクレーンです。軽量の小型ボートは、せいぜい１００キロ超ですから、クレーンで吊り上げ可能。入出庫を戸建の裏庭からできるようするだけのこと。釣り人には垂涎の賃貸住宅になります。

ボート置き場を設置する

6 地域特性を生かした活用方法

戸建は単独ではなく、街並みや市区町村独自の環境も含めて存在しています。これまで、ご披露申し上げたリフォームプランは、戸建を取り巻く環境を生かしたアイデアの一部であり、その多くは実際に相談を受けた戸建のリバイバルプランです。

相続なされたご実家の声に、耳を傾け、自由に発想していただきたい。

彼ら彼女の本質を知っているのは、私ではなく、長く暮らされた皆さんです。

そして、実家から離れたからこそ、得られた新たな視点もあるはずです。皆さんの胸の内にある記憶、獲得された見識や知識、そして、本書を含めたノウハウを総動員すれば、あるべきリバイバルプランは、産声をあげるのです。

(困ったものだ……。あの実家、誰か引き取り手はいないかな……)

目を背けるのではなく、ご実家の周辺にも着目し、地域特性を取り込み、プラン作成に着手していただきたい。荒唐無稽なプランでも構いません。真っ白な紙に自由自在に、幼い頃に落書きをしたように、アイデアを飛ばしてみる。

あなたの手から生み出される夢を、希望を、ご実家は待っています。

次章からリフォームのイロハから見積もり、そして工事の進捗手順について解説します。

第3章

戸建リバイバル法・ベーシック編

戸建を蝕む病原菌は〝水〟と〝紫外線〟

建物には法定耐用年数が存在します。法定耐用年数とは、建物の経済的価値の年数、つまり、期間以内であれば利用価値があるけれど、それ以上は保証の限りではない……。

本当でしょうか？

鉄筋コンクリート造の法定耐用年数は47年、木造戸建の法定耐用年数は22年ですから、規定が正しければ、築47年を過ぎたRC造のマンションは使用不可能であり、築22年を過ぎた木造戸建は、居住に適さない住まいです。

しかしながら、江東区南砂1丁目にある私の自宅でもあるマンションは築47年でありながら、令和2年現在も現役。多くの入居者から家賃を生み出していただける稼ぎ頭です。そして、木更津港近くの14戸の木造アパートは私の年齢よりも1つ歳上の築58年ですけれど、満室です。

一方、築15年で居住不可能なレベルまで傷んでしまう建物も存在します。

「なんでだろ？　立地とかグレードかね。最近の建物は持ちがいいけど、昔はって奴？」

ほぼ、正解です。特に近年建てられた建物は劣化しにくいけれど、一昔前の住宅は傷みやすい、という現象はその通りです。

「でもさ、実家は一昔前の建物でしょ。て、ことはさ、傷みやすいから建て直すか、更地にして売ればいいってことにならない？」

築年数だけを判断材料にすれば、短絡的な結論を出しかねません。ですが、現象の裏にひそむ因果関係を解き明かせば、傷み始めた、もしくは傷んでしまった住宅も再生可能であることが理解できます。

まず、認識していただきたいのは、建物の使用寿命を短くするのは、「水」と「紫外線」。

「なんで？」

水が建物内に侵入すると、空中に漂う黒カビの胞子が木材表面で発芽し、増殖します。黒カビが着床してしまった木材は、栄養を吸い取られ強度を失い、曲がり、折れ、穴が空き、建物の劣化を促進させます。特に雨漏りは大敵でして、屋根が崩落した建物は数年もしないうちに崩落。ＲＣ造建物の鉄筋の腐食や外階段のサビなども水が原因です。

さらに紫外線は、外壁塗料や外壁をつなぐコーキングを硬化・萎縮させ、隙間を生み、結果として、水の進入を許してしまうのです。

「でもさ、水も紫外線も、防ぐことってできないじゃない。やっぱり築年数じゃないの？」

時代は進化しました。水の進入など防げはしないと諦めざるを得なかった、これまでの常識を一変させることに成功したのが、次に紹介する化学剤です。

2

戸建をガラス化する魔法の液体

ご紹介したい化学剤は、日本特殊塗料製の浸透性防水材『強力　防水一番』です。

防水一番に出会ったのは、今から16年前の平成15年です。その頃、木更津で16戸中、2戸しか入居していない築17年の5棟の木造アパートを2000万円で一括購入したのですが、維持管理は最悪……。外壁はペリペリとはがれ落ち、建物内部は湿気って、あちこちに黒カビや奇妙なキノコが生えている状態でした。貸家拡大中の当時の私には、潤沢な資金もなく、足場を組んで外壁塗装をする余裕などありませんでした。

そこで、ホームセンターで防水商品を探していた時に目に飛び込んできたのが、本商品である『強力　防水一番』です。

最初は、恐る恐る外壁に塗り様子見。無色透明にもかかわらず、白い外壁は若干灰色を帯びたようです。

（早まったかなぁ……。塗るんじゃなかったかな）

数日後、完全に乾燥した後、外壁を触ると、驚きました。それまで外壁を手で触ると、チョーク現象と言って、手が白くなるのですが、塗った箇所はまったく色が付きません。パケツ一杯の水を外壁にかけると、はね返ってくるではありませんか。まるでガラス！

（これはいい！）

私は業者に13キロ缶の防水一番を8缶、現物支給し、5棟のアパートに塗っていただきました。無色透明ですから、足場など組まず、梯子で作業してもらい、施工費を通常の外壁塗装に比較し、10分の1以下に削減できました。その後、かび臭い押し入れや天井裏などにも散布。16年過ぎた現在も、湿気や雨漏りと無縁の共同住宅になっています。

戸建の防水も同様です。外壁・瓦・コロニアル・ウッドデッキ・外階段・押し入れ・軒下などなど、浸透する素材であれば、どこでも施工可能。しかも、素材内部に防水層を構築するので、紫外線による劣化も防げます。

デメリットは施工直後でしょうか。施工から2日から3日の間は、とにかくシンナー臭い。それさえ我慢すれば最適の化学剤です。

日本特殊塗料社の『強力防水一番』
写真は900mℓ入り

塗るだけで防災物質に変化させる薬剤

平成最後の平成31年、境界壁不設置問題が発端となりレオパレスの施工不良詐欺が連日マスコミに取り上げられ、社会問題化しました。

「きょうかいへき問題って、何？」

境界壁とは、木造2階建アパートの2階の天井裏にある住戸を隔てる防火壁のことです。これは消防法により、異なる住戸の天井裏にはそれぞれの住戸を隔てる防火性の隔壁設置が義務付けられています。アパートですから、ワンフロアーに複数戸の住戸があるのは当然。もしも防火対応の隔壁が天井裏になければ、どこかの部屋で火事があり、天井を突き抜けると、火災は瞬時に天井裏を通じてすべての部屋に火が回ってしまいます。

だからこそ、異なる住戸の防火対応の隔壁は重要なのです。

レオパレスは、こうした消防法の重要性を熟知し、設計図面に記載していながら、施工の段階で隔壁を設置せず、施主に引き渡してしまいました。それが、後に消防署の検査で明らかとなり、大問題となったのです。

木造建物の宿命である火災をどう防ぐのか、これは実家を引き継いだ方々の問題でもあります。大幅な建物内部の変更実施は、誰もが容易に出せる金額ではありませんし、施工費が嵩めば、富を生み出す不動産になるはずもない。そこで御紹介したいのが、塗れば、たちまち防火性能を高める難燃剤。その名も、『ＳＯＵＦＡ』です。

「ＳＯＵＦＡ」で検索し、燃焼実験をご覧いただければ、ご理解できるでしょう。

確かに、木造建物は火災に弱い。ならば、燃えなくすれば、いいのではないか？

特に、戸建の天井裏などは、防火対策がまったくなされておらず、無防備に近い。築年数の経ったご実家などは火災の危険性に晒されています。『ＳＯＵＦＡ』を60度以上の水で溶解させ、木材に塗布すれば、防炎性能が飛躍的に増加します。

見ないと納得できない方々は、木材から作られた紙に『ＳＯＵＦＡ』を染み込ませ、乾燥させた後、火をつければ一目瞭然！　紙は木炭化しても炎が上がらないことをご理解いただけるでしょう。当該商品は木が剝き出しの神社仏閣でも次々と採用されています。

SOUFA社のホウ酸系難燃剤SOUFA。スプレータイプは1本2700円から。

散布するだけで悪臭を根絶する薬剤

家には、それぞれ独特の匂いが漂っています。皆さんも、幼い頃、友だちの家に遊びに行き、慣れない匂いに戸惑ったことは一度や二度ではないでしょう。

「おまえんち、変な匂いがするな」

なんて言おうものなら、友人関係が微妙になるのは明々白々。ところが、しばらくすると、気にするほどの物でもなくなり、キャッキャと遊んでいたあの頃……。

しばらくぶりに、訪れたご実家の匂いはどうでしょう？

懐かしい匂い、思い出深い香りだとしても、内見に訪れる入居希望者には奇妙な匂いに感じるとお考えいただきたい。自分たちには慣れた匂い、魅惑的な香りであっても、見も知らぬ第三者には、違和感以外、何物でもないことをご認識いただきたい。

「匂いって言うかさ、カビ臭いんだよね。亡くなったお袋、猫飼ってたし。部屋の隅なんて、なんだかションベン臭いし、それに古臭いって言うか。やっぱ不動産屋の言うように、全部、新調しないとダメかね……。でも、そんな金ないしなぁ」

〝ゼロか100〟そんな考えに染まらないで。不動産業者や強欲な工務店は、スキあらば工事金額をはね上げ、皆さんの懐からお金をかすめ取ろうとしています。余裕があれば、それもいい。新品に変更すれば、身も心も晴れやかです。ですが、財政は悪化します。

「どうすりゃいいの？　こすってもさ、コンパネや柱にしみ込んでるから、匂いなんて取れないでしょ。無理なものは無理と諦めるべきじゃないの？」

悪臭がしみ込んでいるなら、しみ込んだ場所まで浸透させ、悪臭を除去すればいい。

「そんな……、ミクロの決死隊じゃなかろうし。それにしみ込ませた薬剤が別の悪臭を引き起こすんじゃないの？」

そこで、ご紹介したい商品が『バイオミックス』です。

『バイオミックス』は、好気性菌バチルス属とミネラルを混合した悪臭除去商品であり、悪臭素材に浸透し、悪臭の元となる成分を分解除去させます。さらに、この効果を永続させるには、悪臭の発生源に前述の『防水一番』を塗布すれば、ＯＫ！　なぜなら、悪臭は水分が必要であり、湿気（しけ）ない素材から悪臭がすることはないからです。

コヒタセロイ社が通販で販売する『バイオミックス』（200g 4400円～）

賃貸用リフォームと転売用リフォームの違い

リフォームは、建物の要補修箇所の補修、設備更新により建物価値を上げる行為です。

「あぁ、聞いただけでクラクラする。やっぱ、設計段階から専門家の意見を聞いてやらないと、ダメでしょ。だって、うちら、素人なんだからさ」

専門家と素人……。

不動産業者や工務店が好んで使うこのフレーズに騙されてはなりません。

「騙すって、人聞きが悪いな。不動産業者も設計士も、その道の専門家でしょ。素人のうちらが、彼らの意見を聞くのは、当たり前じゃない」

そうした常識化した認識こそ、彼らが皆さんの懐からお金を引き出す弱点です。

「じゃ、うちらが専門家だって言うの？」

建築や工事のイロハを知らない段階であっても住居のセミプロです。なぜなら、皆さんは所有、もしくは賃貸の違いはあっても、家屋に寝起きしているからです。

つまり何が便利か、何が不便なのか、そして、どんな物件に住みたいと思い、どんな物件に住みたくないか、よくご存じのはず。さらに申し上げれば、利用者としての視点はすでに手にされ、明確な審美眼（しんびがん）があるのです。

ご自分自身を信じ、専門家と称する強欲な業者に判断基準を預けないでください。

まず、本書を手に取られた皆さんは、他の書籍からも知識を吸収なさっているはず。一方、業者の関心事は、工事金額の拡大のみ！　不必要な工事も、施主が首を縦に振れば、それで売り上げが上がるのですから、皆さんの説得に必死になるのは当然です。

「何が言いたいの？」

業者の工事拡大のゴールは、〝建物の解体&新築の受注〟ですが、次善のゴールは、新築並みのリフォームです。彼らの意見に任せていると、金融機関から融資を受け数百万円どころか1000万円を超える大規模リフォームをしかねません。

だからこそ、誤解を恐れず、しつこいほど彼らの危険性を申し上げているのです。

「リフォームは一種類じゃないの？」

違います。

不動産業者や工務店が、皆さんに勧めるリフォーム内容は、転売用のリフォームです。ですが、私たちが希求すべきリフォームは賃貸用のリフォームです。

不動産の購入者は、少しの傷も許しません。一方、賃貸入居者は貸家が中古であることは百も承知ですから、細かい所まで文句を言いません。この点をご理解いただければ、賃貸用のリフォーム費用は転売用の工事費の約半分以下まで削れます。

6

激安の耐震対策

新耐震という言葉をお聞きになったことはあるでしょうか？

「ああ、知ってる。地震に強い建物ってことでしょ」

新耐震とは、昭和53年（1978年）に発生した宮城沖地震をきっかけとして建築基準法が改正され、昭和56年（1981年）6月1日以降の建築確認申請から適用された耐震基準です。注目ポイントは「建築確認申請から」です。「それの何が問題なの？」

たとえ昭和56年築の建物であっても、建築確認申請が昭和56年5月31日だったとしたら、その建物は新耐震ではなく旧耐震だということです。

「なるほどね、で、旧耐震と新耐震はどう違うの？」

地震に対する損傷の程度です。具体的に申し上げますと、震度5が発生した際、旧耐震では「倒壊しない」ことが合格基準ですけれど、新耐震では「ほとんど損傷しない」ことが求められています。また、新耐震ではこれに加え、「震度6強から7の地震であっても倒壊しない」躯体（くたい）構造が要求されています。事実、新耐震基準が定められてから14年後の平成7年（1995年）の阪神大震災において、死因の9割を占める住宅倒壊のうち、旧耐震基準の建物は98％でした。新耐震基準に定める「震度6強や震度7でも倒壊しない」

新耐震基準性能が証明されたと言えるでしょう。

「うちの実家、旧耐震だよ。耐震対策工事しなくっちゃ。いくらかかるんだろ?」

もしも工務店に依頼すると、延床30坪の戸建で200万円～250万円を要求されることでしょう。そして、ついでに水回りのリフォームも薦められ、500万円～700万円の総工事費! 足りない資金は信用金庫か日本政策金融公庫を紹介されます。

「そんな金ないよ。どうすりゃいいの?」

耐震の基本を理解することです。なぜ揺れに弱いのかと言えば、壁が足りない。筋交い(すじかい)が少ない、柱の強度不足やシロアリの被害にあっている、などなどです。

特に、問題箇所は1階。瓦屋根でない限り、2階の補強は特に必要としません。

「具体的に言ってよ」

従来の筋交い木造構造にツーバイフォー(壁構造)を上貼りすればいい。具体的工法は、厚さ24㎜の構造用コンパネを既存の柱と柱に接着剤をタップリ塗り、長尺ネジで留める。その工事を1階の建物の四隅と建物中央の壁を「T字」状に表裏から厚さ24㎜のコンパネを貼り合わせる。それだけです。床面積が25㎜分狭くなりますが、それ以外はまったくいじる必要はありません。材料費で10万円、施工費で10万円の合計20万円前後で耐震補強工事は終了。ディスカウント率90%以上です。

半値で終わる和室から洋室への変更方法

皆さんの就寝スタイルはベッドですか、それとも敷布団ですか？

「そりゃ、ベッドでしょ。今時、毎晩毎晩、布団を敷いて寝る人っているのかね？」

調査により多少の前後はありますが、ベッド派が60％であり布団派は40％のようです。布団派が60％だったのは2002年頃ですから、18年かけて立場が逆転。今後、ベッド派が増えるとしても布団派が巻き返すことはないでしょう。

「なんで？」生活スタイルの違いです。30歳以下のベッド派は70％以上！ 正直、30％未満の布団派がベッド派に宗旨変えすることはあっても、その逆は考えづらい。結果、ベッド派は布団派を壊滅的少数派に追い込むことでしょう。

「まぁ、異論はないよ。で、それがリフォームとどう関係するの？」

賃貸家における、和室と洋室の割合です。もしも、ご実家が和室ばかりだとしたら、賃貸入居者から見ると、魅力はありません。他の物件に入居して行きます。

「どうしてハブられるの？」

就寝スタイルがベッド派だからです。畳の上にベッドを置くには、下に絨毯を敷くことになるのでしょうが、いずれにしても畳に凹みができてしまう。

和室ばかりの戸建を選択しない人々の本音は……、

（なんか変だし、退去の時に補修費用を要求されそう。他の物件にしようか）です。

「どのくらい、洋室に変えたほうがいい？」

和室の限界は居室の50％です。ですから3ＬＤＫだと2室は洋室に、4ＬＤＫだと同じく2室。5ＬＤＫの場合は3室を洋室にする必要があります。

「ひ、費用はどのくらい？　6畳の和室の場合で教えてよ」

およそ1畳あたり8万円とお考えください。ですから6畳の場合であれば、48万円。

「高い。なんで、そんなにかかるの？」

和室の床だけフローリングにすると違和感が出るからです。結果、壁も天井も、収納の押し入れも天袋も変更することになるので、結構な費用を要求されます。

「解決策って、あるんでしょ。どうやりゃいいの？」

ヒントは時代劇にあります。大河ドラマで畳の上で暮らすのは、お殿様か越後屋くらい。庶民は板敷きです。洋式フローリングと時代劇の板敷きの違いはその幅です。普段目にするのは58㎜～80㎜前後。その幅を120㎜や150㎜等、幅広なタイプに変えると、アラアラ不思議。モダンな和室に早変わり。もちろん、無垢材でなくクッションフロアー（ＣＦ）でもＯＫ。施工総額は半値以下で抑えられます。

世帯人数の変化と間取りの考え方について

その昔、兄弟が多いのは当たり前でした。私の家で言えば、4人。うち1人は成人を迎えることなく亡くなりましたが、近所でも3人以上いる家庭は珍しくありませんでした。一方、令和の日本では、単身世帯の増加にともない、世帯人数は下降に下降を重ね、2・44人。テレビでは大家族がタレント扱いで特集として取り上げられる始末です。

今から40年前の昭和55年当時、じいちゃん・ばあちゃん、パパ・ママそして子どもたちの3世帯家族と子育て中の夫婦世帯が世帯数の半分を占めていたものの、現在は1人で暮らす単独世帯と夫婦のみで暮らす世帯の合計が半数を超える状況に逆転しています。

「まぁ、そうだろうね。で、何が言いたいの？」

貸家の間取りも時代の流れに合わせ、変化させるべきです。

相続した実家は、戸建ばかりでなく、マンションもあることでしょう。

特にマンションの場合、その昔のマンションは部屋数が最大の焦点でした。1世帯の居住人数が今の約1・5倍。子どもが3人、4人いる家庭だと、いくら部屋の広さがあってもワンルームでは暮らせません。結果として50㎡の広さで4DKというホビット族の住宅のような集合住宅が文化住宅として販売されていました。わざわざ江戸間という新基準ま

2DKは1LDKに、3DKは2LDKに間取り変更

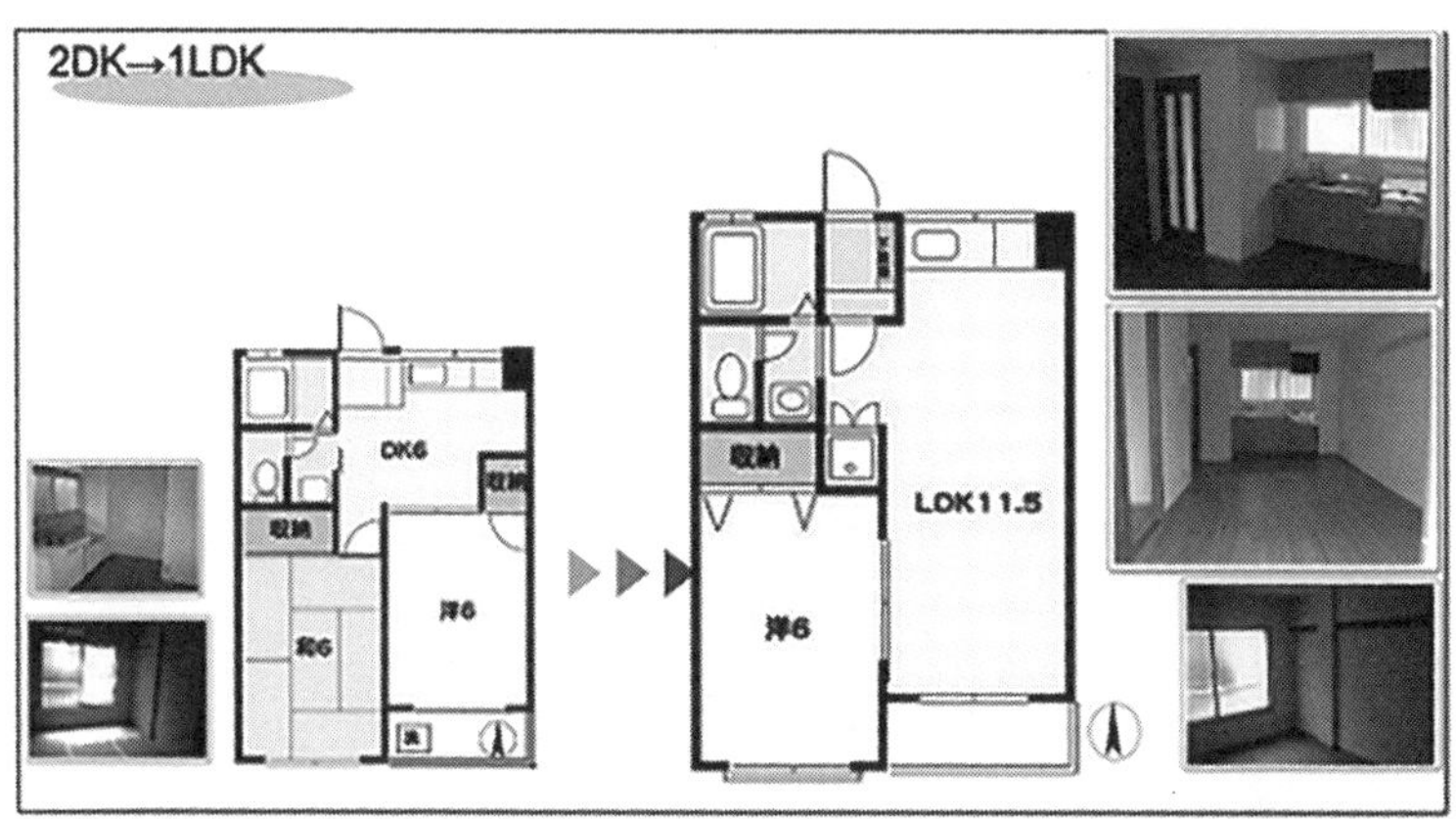

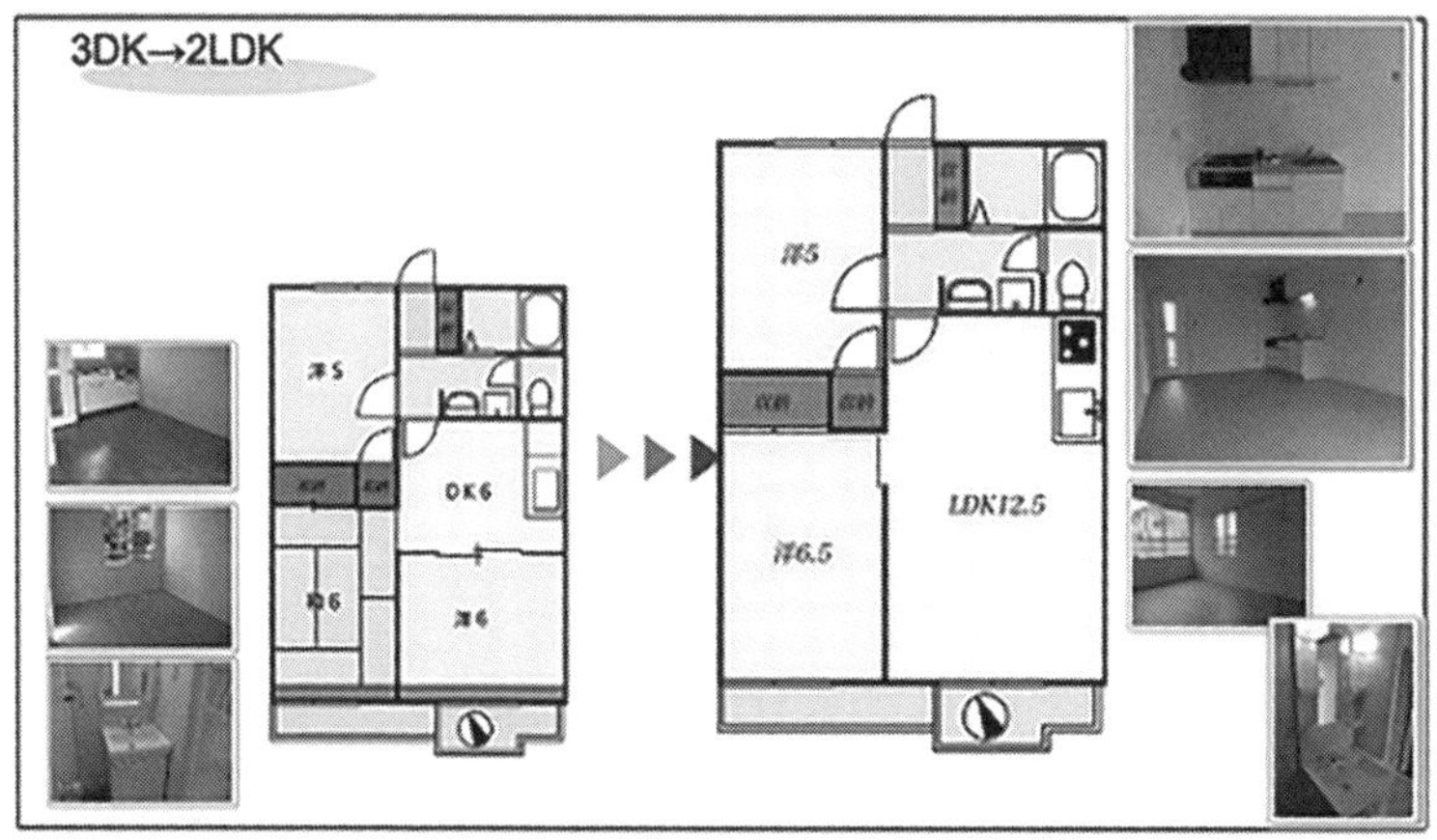

でこしらえ、京間であれば、4畳半程度の広さを6畳とうたい、3・5畳の広さを4畳半と称して広告に掲載していたのです。今なら詐欺同然と監督官庁から指導が入ってもおかしくないレベルのビジネスを平然と実行していました。

「なるほどね。で、どうすべきだと言うの？」

2DKであれば1LDKにし、3DKなら2LDKに間取り変更すると、人気の賃貸住宅となります。

居住人数が少ない場合、部屋がいくつあっても、部屋を移動しなければ、利用できないので不便なことこの上ない。

ならば、壁を取り払い、狭い部屋を広い部屋に作り替えたほうが、居住者の満足感を引き出しやすいのです。

「でも、金かかるでしょ」

壁を取り払い、取り払った壁跡を補修すればOK！　さほどのお金はかかりません。それに、間取り変更を必要とする居宅の多くはマンションです。戸建の場合、通常、延べ床面積は30坪以上ですので、変更するにしても5DKを4LDKにする程度。キッチン横の居室をつなげてDKをLDKにすれば終了。通常リフォーム費用の中で収まります。

9 庭があるなら、駐車スペースを拡げましょう

戸建の立地は、周辺の環境に左右されます。そして、もっとも重要な基準は駅からどの程度距離があるかです。

「駅？　うちの実家の最寄りの駅なんて1時間に1本あるかないかだぜ。関係ないよ」

それは、駅の重要性を見誤っていらっしゃる。

「なんで？」

駅ができたのは江戸幕府が終わり、明治の御代になってからでした。それ以前の交通手段は、船か馬か大八車しかありませんでした。

「馬車はなかったの？」

大八車に馬を連結したのが馬車ですから、物理的には可能でした。しかしながら、馬車は、大量の荷物を搬送できるゆえ、治安維持のため禁止されていたのです。それが一変したのは「富国強兵」を旗印にした明治政府の号令でした。それまでの街道に線路を敷き、蒸気機関車を導入し、各地を短時間で結び、工業立国として日本は世界に打って出ました。その線路の停車駅が「駅」です。

長い年月をかけ、通行に便利な場所を街道として整備し、利用客の多い場所を「駅」に指定しました。だからこそ、駅は重要なのです。また、１㎢当たりの人口密度が１０００人を超える場所の駅は今でも、重要な拠点となっています。

以上を前提にすると、

○駅から１㎞圏内は徒歩圏
○駅から２㎞前後は自転車圏
○駅から３㎞超はバスもしくはクルマ通勤圏

と、規定することができます。

「おれんち、駅から４㎞だよ。庭は広いんだけど、クルマは1台しか停められないな」

ならば、庭をつぶして駐車スペースを2台以上に増設するべきです。

「なんで？　結構きれいな庭よ。今は荒れてるけどさ」

駅から４㎞離れた戸建住宅を借りる方をイメージしてください。その世帯は共働きの夫婦と子どもが１人か２人……。ご夫婦はクルマ通勤ではないでしょうか？　ならば、同じ敷地内に駐車場が2台分整備された戸建住宅に魅力を感じるのは自明の理。

思い出はあるでしょう。名残おしいかもしれません。しかしながら、これから相続されたご実家に暮らす世帯の利便性を高め、皆さんに家賃を運んでくれる「富動産」に変身させるには、必要な措置です。果敢に駐車場増設に舵を切るべきだと考えます。

池と樹木は賃貸需要の低減につながる

新築住宅や新築マンションに植栽は欠かせません。それが都心の真ん中にあるタワーマンションであっても、販売時、エントランス周辺には植栽が見事に配置されているものです。地下鉄車内の広告やネット広告を見ても、植栽が一本もないマンション販売広告は存在しません。

「そう言われりゃ、そうかもね。それがどうしたの?」

皆様には、不動産購入者と賃貸入居者には、

植栽や庭に対して大きく評価が分かれると言う事実を認識していただきたいのです。

「どういうこと?」

〇不動産購入者　↓　植栽や庭に価値を置く

〇賃貸入居者　↓　植栽や庭に価値を見出さず、時には邪魔に感じる

「まるで、逆だね。なんでだろ?」

例えば、戸建住宅の庭に、毎年、満開の桜を咲かせる樹齢60年の大振りの桜があったとします。中古住宅として購入を勧める営業マンは、内見した購入希望者に対し、

『この太い幹見てください。春には満開です。ちょっとご覧いただけますか、オーナーが

去年の春に撮影したものです』

『まぁ、素敵！　ほんとキレイ。　お庭でお花見ができるなんて夢のようね』

一方、賃貸入居者のコメントは、

『桜ですか……　毛虫出てきそう。それに、落ち葉は誰が掃除するの？　ね、待って、もし枯らしたりなんかしたら、ウチの責任になるの？』

おわかりでしょうか？　購入希望者と賃貸入居希望者の通常の反応はまったく真逆になります。なかには、（桜か、いいねぇ。きっとキレイだろうな）という逆の反応を示す賃貸入居希望者もいますがレアケースです。

さらに庭に池があると、その反応ギャップは耐えがたい物となります。

購入希望者は、

『何を飼おうかしら？　錦鯉もいいし　金魚も可愛いし、ビオトープにするのもオシャレだよね』と、高評価ですが……、
賃貸希望者は、

『池ですか…。誰が掃除するんですか？　蚊とか出てきそうだし、臭いがしそう』

と、汚物を見たようなコメントになるもの。まったく、評価されません。もしも、ご実家を家賃を生み出す「富動産」にしようとするなら、大振りの樹木や池は撤去が正解です。

第4章

戸建リバイバル法・見積もり編

水道ガス電気の開栓と火災保険加入の確認

相続した不動産は、賃貸用不動産のレベルだと考えてはなりません。

「なんで？　確かに、オヤジやお袋の私物があるけどさ、まぁ、そんな物はすぐにかたせるし。ちょちょっと、掃除すりゃ余裕で貸せるでしょ」

甘い。それは、あまりにも賃貸入居者の要求を無視しています。まずは、職人さんが見積もりを可能なレベルまで引き上げる必要があります。通常の放置されたご実家は、見積もり以前の状態です。

「見積もり以前、そんなひどいの……、な、何から始めりゃいいの？」

火災保険の加入です。

「そこから？　そう言やぁ、火災保険って、どうなってるかな……」

実際の話、相続した空き家のご実家の火災保険が切れたまま放置している方って、想像以上に多いのです。住んでいなければ、火元がありませんから、火災保険の必要性を感じない。だから、火災保険をかけない選択をなさるお気持ちは理解できます。

しかしながら、無保険の住居は、類焼の危険性や自然災害に無防備であることを忘れてはなりません。ましてや、リフォームになると職人さんが内部で工事をするのですから、

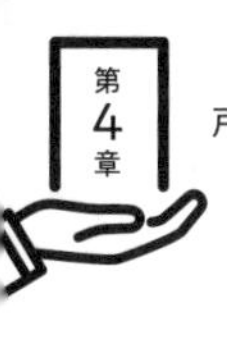

火災保険の加入はマストです。まずは、火災保険の確認から始めてください。

それから、次に必要なアクションは、上水道と電気の開栓です。

「あれって、どこに頼めばいいの？」

地元の水道局と電気会社です。

「でも、その家に住んでないよ。できんの？」

たとえ居住していなくても使用者の依頼があれば、開栓していただけます。工事のために短期間の間、水道と電気の開栓が必要なのだと、説明していただければ、理解していただけます。請求書は皆さんの住所に送付してもらえば良し。工事が終了し、賃貸入居者が決まれば、それで終了し、その後は入居者が契約することになります。

地方の不動産の場合、排水が下水ではなく合併浄化槽の場合も多く見られます。長期間、無人の場合、合併浄化槽内の菌は消滅し、浄化槽内の水が干上がっていることもあります。その際には、合併浄化槽の復旧も必要ですから、地区内の業者に連絡し、必要な工事を実行してください。水道は上水道だけでなく、排水機能も正常化させなければなりません。

上下水と電気が開栓すると、空き家となった戸建の命の灯がかすかに灯ります。無視され放置されていた建物は、久方ぶりに自信を取り戻し始めているのです。

雨漏りチェックと修繕の手順

内部をリフォームする際、必ずチェックしなければならないのが、雨漏りの有無です。

「いやいや、いくら何でも雨漏りはしてないよ。……多分」

そう、多分です。一昔前と比較し、日本に襲来する台風の威力は増しています。いつも生活していれば、家屋に何かあれば、すぐに気が付くものです。しかしながら、実家から離れ、遠くで暮らしていると、実家のイメージは昔のまま。

（きっと、大丈夫。悪くなっているはずがない）

多くの空き家の実家所有者の皆さんが、そう思っていらっしゃるのですが、確認されているわけではありません。まずは一度、ご自分の目で隅から隅まで、雨漏りの有無を確認願いたいと願うばかりです。

「どう、確認すればいいの？」

天井に雨漏りの跡があるかどうかです。間取り図を片手に雨染みの有無を、ご確認願います。どこをどう見ても、雨漏り跡がなければ、次のステップに進んでください。

仮に、シミ程度の跡であれば、通常の雨で雨漏りをしているわけではありませんから、その後のリフォームの中で解消可能です。

残念ながら、天井が抜け、畳も腐っている状態ならば、見積もり以前の問題です。雨漏りを修理しなければ、内部をリフォームしても元の木阿弥です。

「そういう場合はさ、建物を解体して更地で売却しなくちゃならないの？」

強欲な工務店の社長や不動産会社であれば、「解体 or 新築」に焦点を絞り、皆さんを説得します。やれ、(雨漏りが一度起きると、直しても、直しても、また雨漏りします。正直、この建物も潮時です)などと、所有者の改善意欲を根本から切り倒してきます。

信じないでください。そして、ご実家の底力を信頼してください。

「どう、信じろって言うの？　それに、どうやって直せって言うの？　肝心の費用は？」

まず、雨漏りの原因は、屋根を覆う瓦やスレートの下にある「防水紙」の破れがほとんどです。根本治療は破れた防水紙の上貼り、それだけです。

「でも、破れた、その……防水紙の位置がわからないでしょ」

天井を開けて、懐中電灯で照らせば、はっきりとわかります。なぜなら天井裏は、ホコリで一杯。屋根から漏れた雨水は屋根裏のホコリをなぎ倒しながら、下に漏れています。ですから、その跡を名探偵コナンのように追跡すれば、補修箇所は特定できます。雨漏り箇所特定後は、その上のスレートや瓦をはがし、防水紙を上貼りすれば、それで雨漏りの修理は終わりです。肝心の費用は雨漏り1カ所で20万円程度です。

キーボックスの設置

遠方の実家に足が向かなくなる理由の多くは、時間がないからです。しかも多くの「負動産」所有者の皆さんは、何かあれば、絶対に立ち会わなければならないと、信じ込んでいらっしゃいます。ですから日帰り不可能な遠方の実家ですと、そうそう足を運べなくなるのも道理でしょう。

結果、放置され、人に見向きもされなくなった「負動産」は不貞腐れ、、相続した皆さんからすると、相続したご実家は、毎年毎年、固定資産税や都市計画税を支払わなければならない、迷惑な「負動産」に成り下がっています。

「そう、その通りだよ。でも、どうやれって言うの？　こっちは現役で働いているから時間もお金もないのよ。一回往復するだけで、数万円飛んでゆくんだよ」

藤山家（私と女房）が所有している貸家の立地は、東京都江東区、東京都足立区、千葉県木更津市、北海道苫小牧市、北海道札幌市、北海道小樽市、福井県あわら市、福井県福井市、京都府東舞鶴市、静岡県静岡市、山口県萩市の1都1道1府4県にまたがります。

「えぇ～ぇぇ～、そんな広範囲なの？　大変でしょ。それとも業者任せ？」

管理は業者任せでなく、基本、女房1人でこなしています。そして、貸家の入退去やり

フォームがあっても現地に赴くことは、ほとんどありません。北海道や京都や福井に静岡など、ここ数年、一度も訪れたこともありません。にもかかわらず、それぞれの貸家の店子さんからは家賃が振り込まれ、クレームには迅速に対処し、入退去ではリフォームを実行しています。

（所有者がいなければ、何もできないんじゃないか）

そんな不安は、この際、バッサリと捨て去ってください。

「でも、どうやれって言うの？」

キーボックスを活用なさってはどうでしょう。

ドアノブにご実家の鍵を入れたキーボックスをかけ、入室はナンバーを教えて出入りしていただくのです。これだけのことで、皆さんが現地に行かなくても対応できます。

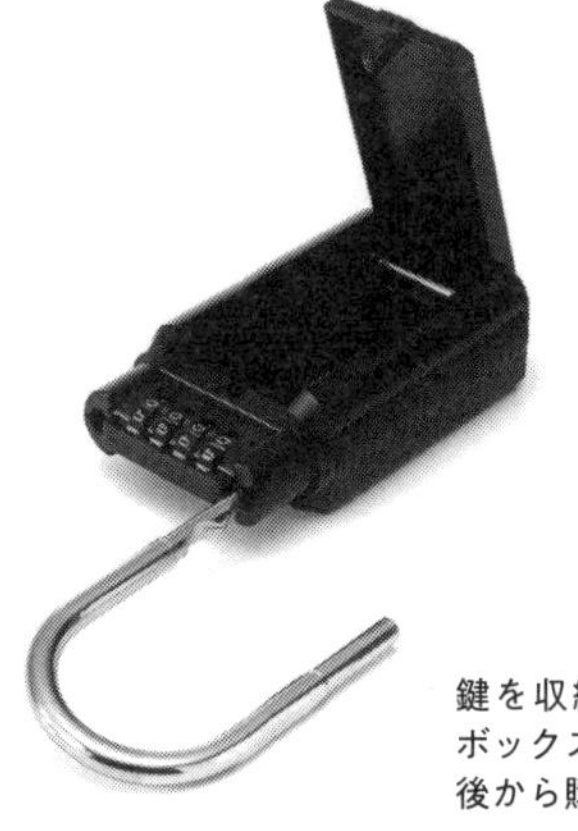

鍵を収納できるキーボックス。2000円前後から購入できる

4

ゴミ処分の手順

ご実家に残された、両親の遺品……。どれも、捨てづらい。形見わけも、完全に終了したわけじゃない。どれから片づけていいのか、それもわからない。ご自分の家に持ち帰るにしても、そんな場所はない。ただただ、時間が過ぎてゆく……。わかります。

ですが、その状態のままだと、「負動産」のレベルから脱することはできず、新たなご家族が入居し、家賃を皆さんの元に運んでくれる「富動産」に変身できません。

まずは、形見分け。遺族間で期限を決め、配分願います。そのまま捨てるのがもったいない、かといって捨てるのも心残りな遺品は、解像度の高いデジタルカメラで撮影し、映像として残してはどうでしょう？　その映像を遺族全員に送信し、記録で残せば、思い切ることも可能となることでしょう。

こうした一連のアクションにより、実家に残された動産を処分可能にしてください。次に、ご実家から残置動産物を物理的に排除する作業です。

「業者を呼んで、頼めばいいんでしょ」

確かに、「市区町村　ゴミ処理」で検索すれば、数多くの業者が出てきます。しかしながら、こうした業者の中には、依頼した方を値踏みし、信じられない処理費用を請求してくるオイハギのような輩も潜んでいます。

「どうすりゃいいの？」

まずは、残置動産物の処理費用の上限を知ることです。通常の残置動産物の量は、平米当たり、0・3㎥です。100㎡の戸建ですと、約30㎥の残置動産物が存在します。ちなみに、ニュースで流されるゴミ屋敷の場合で言うと、1㎡で1㎥ですから、100㎥のゴミ。2トントラックだと50台で処分しなければならず、映像としてインパクトがあるので、一般消費者の記憶に残っています。詐欺業者は、この記憶につけ込みます。

「うちの実家の家財は、あらかた処分してガラガラだな。いくらだろ？」

おそらく、その状態であれば、1㎡当たり0・1㎥ですから100㎡で10㎥です。

「で、費用はいくら？ 20万か30万かな……」

そのまま処分するなら、1㎥当たり1万円ですから10万円です。思ったよりも安いとお感じになることでしょう。もしも、もっと安く仕上げたいなら、「便利屋」さんにお願いしてください。彼らはゴミを分別しながら、家庭ゴミとして捨てる裏ワザをお持ちです。処分費用は通常の60％～70％で引き受けてくれることでしょう。さらに、開業2年目から4年未満の2年間の便利屋さんは、意欲が高く価格もリーズナブルです。彼らの開業期間はＦＢなどの開設日をチェックすれば、判明します。

見積もり前のラフなクリーニングの実施

見積もりを実施するには、

○雨漏りせず

○水道と電気を開栓し、排水にも問題はなく

○鍵の受け渡しはキーボックスで行う体制を完了

上記、3つのアクションの履行が、見積もりに入る最低の前提条件です。

「最低の前提条件って、ことはさ、まだあるの?」

できれば、もうひとつ実行していただきたい。

「何をすればいいんだろ?」

家屋のクリーニングです。

「いやいや、リフォームした後にクリーニングすればいいでしょ。二度手間じゃない?」

そう思えるでしょう。そして、こうした言い訳は工務店の方から、よくお聞きします。

「でしょ。専門家が言うんだから、その通りだと思うよ。必要ないよ」

なぜ見積もり前にクリーニングをすべきかというと、見積もり業者に過大な工事を言わせないためです。仮に、数年間放置されたご実家だとします。キッチンは白く濁り、換気

扇は油でカチカチとなり、フローリングはホコリが溜まり、あちこちにゴキブリが腹を見せて転がっている。部屋の四隅には、蜘蛛の巣が張り、畳は端が浮き上がっていたりする。

こうした、見捨てられ続けた家屋にいると、施主である皆さんは工務店のオヤジさんの前で萎縮するしかない。

「このキッチン、もう使えませんね。取り替えでいいですか、それに、おフロもこの際ですからユニットバスに交換しちゃいましょう。そのほうが、入居者に受けがいいですから、それから、和室は全部、洋室にしちゃいましょうか。あとですね……」

まざまざと見えるようです。

一方、見積もり前にラフなクリーニングをしておくと、

「キッチン使えますよね。お風呂も大丈夫ですし、和室は畳の表替えで済ませて……」

施主主導で見積もり業務をリードできます。その理由は、表面の汚れを落とし、皆さんに引け目がないからです。たった、これだけのことで工事費を大幅に削減できます。

「でも費用がかかるでしょ。それに、クリーニングもリフォーム業者にお願いすんだから、やっぱり二度手間でしょ」

依頼するのは、職人や工務店ではなく**「便利屋」**さんです。予算は、4人区（2人×2日）で4万円。全体予算の中で少額ですから、やらない選択肢はありません。

リフォーム・オーディションの開催

長く留守にしたご実家をリフォームするとなると、誰に工事を依頼されますか？

「そりゃ、親戚に知り合いの工務店を紹介してもらうかな」

安易な道を選択すると、莫大な見積書に腰を抜かすことになりかねません。特に、不動産業者に頼もう物なら、工事費は、職人さんに支払われる金額の軽く倍となります。

「どうすりゃいいの？　親戚じゃなければ、友だちかな、でも最近連絡してないし……」

知り合いに頼むのではなく、リフォーム・オーディションを開催してください。

「またまた、変なこと言いだしたね。それって、どんなものなの？」

○第1ステップ　ネットで書類選考

「市区町村　リフォーム業者」で検索すると、数多くのサイトが表示されます。サイト内容をチェックし、小規模でリアクションの良さそうな業者を10社セレクトします。

○第2ステップ　メールおよび電話で10社から5社に絞り込み

ご実家の場所、そして工事内容の概要を伝え、見積もりに興味があるかどうかを聞きエ

ントリー業者を5社に絞り込んでください。

さぁ、見積もりオーディションの準備は整いました。主催者は、ご実家の所有者である皆さんです。会場は、ご実家で参加者はネットで絞り込んだリフォーム業者5社です。

○第3ステップ　リフォーム・オーディション開催

☆参加賞　：　A4の紙を挟めるボードに、間取り図・要リフォーム箇所・メモ用紙の3枚を挟み、3色ボールペンと共に、オーディション参加者にお渡し願います。ボード裏に皆さんの携帯番号を貼り付けると効果的です。

☆セレクション・タイム

1番手　午前9時半〜午前10時半　　2番手　午前11時〜午後0時
3番手　午後1時〜午後2時　　4番手　午後2時半〜午後3時半
5番手　午後4時〜午後5時　（有力候補は5番手にします）

「時間の無駄じゃない？」

いいえ、ものすごく効果的です。1番手のリフォームで得た新知識、例えば壁紙施工の平米単価等を2番手に活かし、3番手4番手でも同様にすると、最後の5番手では、ご実家リフォームのセミプロ級‼　結果、ふざけ腐った見積もりを目にしなくなります。

最終的に、見積もりを提出してくるのは2社もしくは3社ですが、意欲があり、責任を持つ業者に出会えます。仮に、見積もりオーディションに行けないなら、地元の探偵さんに日当3万円前後で依頼すると、面白がって引き受けてくれます。松田優作氏に憧れた探偵さんは日本全国にいらっしゃいますし、彼らは代理人に最適な職業です。

第5章

リフォーム工事の実行と入居募集

リフォーム工事費用の借り入れは日本政策金融公庫が最適

故郷といえど、住所がなければ地元の信用金庫に口座を作ることはできませんし、ましてや、ご実家のリフォーム融資を受けることなど夢のまた夢です。

「なんで？」

金融機関には営業範囲があり、営業範囲以外の顧客に対し口座開設や融資を実行できないからです。では、取引のある金融機関に実家を担保としてリフォーム融資をお願いできるかと言うと、このケースも担保物件が営業範囲外だから不可能です。

「じゃ、リフォームなんて土台無理じゃん。10万、20万ならいざ知らず、最低でも100万円を超えるわけでしょ。なんだよ、夢をみるだけ見させて梯子外しかよ」

お近くの日本政策金融公庫を訪ねてください。

「聞いたことないな、日本……せいさく、なんだって？　新手の消費者金融か？」

悪名高い高利貸しなんて、トンデモありません。政府系の金融機関です。昔の名前は「国民金融公庫」です。上記公庫は、2008年に国民生活金融公庫、農林漁業金融公庫、そして中小企業金融公庫と合併した財務省所管の特殊会社です。

「行って、どうなるって言うの？」

ご実家を担保にしてリフォーム融資を受けることができます。

「最初から言ってよ。心配して損した。でも、なんで融資できるの？　営業範囲は？」

日本政策金融公庫の営業範囲は日本全国ですから、住所地と担保物件が離れていても、まったく問題となりません。例えば、東京都江東区在住の融資希望者が北海道札幌市の物件を担保にお金を借りる際、担保物件の調査は日本政策金融公庫江東支店が札幌に出張して行うのではなく、札幌支店が代行します。

「えっ!?　それってありなの？　支店間で協調する金融機関って初めて聞いたよ」

ありなんです。なぜなら、同公庫に預金業務はなく、行員は余裕を持って（笑）お仕事に勤しんでいらっしゃるゆえ、支店間の協調性は高い。結果として、同公庫に営業範囲はなく、日本全国の不動産を担保としてお金を融資してもらえます。

「三菱ＵＦＪとかさ、みずほなんてどう？　全国規模でしょ」

メガバンクは零細大家さんなんてゴミ同然と思っています。ですから、行くだけ時間のムダと申すもの。ご実家を毎月家賃が入ってくる「富動産」にステップアップされたなら、その成果を国公庫の融資担当者に逐次連絡し、確定申告を毎年、毎年、提出願います。さすれば、皆さんは優良な融資対象者として認識され、数年もしないうちに、「もしよろしければ、融資いたしましょうか？」と融資の営業トークを耳になさることでしょう。

工事の進捗は動画で確認すると一石二鳥

リフォーム・オーディションの優勝者の商品は、リフォーム工事の獲得です。とはいえ、遠方ですから、リフォームの進捗具合を再三再四、確かめるわけにもいきません。

(信用している……)

心の中で何度、つぶやいても、疑心暗鬼の種は芽を出し、成長。無視できないほどになるのにさほどの時間はかかりません。帰宅して、止むに止まれず電話をかけると、親方は夜中の電話を不審がり、やる気を失ってゆく……。

これでは、発注者の皆さんも親方も不幸になるばかりです。

「我慢しろってこと？　でもさ、どこまで工事が進んでいるのか、不安じゃない」

そこで、ご紹介したいのは動画によるチェックです。

「動画？　カメラで撮って、ＵＳＢを送って貰うってこと？　やるかな職人さんが」

やりません。そんな面倒なこと、嫌がりますし、そもそも電子機器の扱いになれている方は、ほんのわずか、可能性の低い出会いに期待するべきではありません。

「じゃ、どうするの？」

一定の段階が来たら、親方のスマホで工事現場を撮影し、データ便にドロップしてもら

ってください。そうすると、データ便のサーバーに動画が保存されます。1分もしないうちに、保存された場所のURLが作成されますから、そのURLをメールしてもらう。送信されたURLにアクセスすれば、現場の動画を無料でダウンロードできます。

「ちょ、ちょっと待って、そう、ポンポン言われてもわかんねぇよ」

では、以下の展開図をご覧ください。

○ステップ1 → 工事現場を動画撮影
○ステップ2 → データ便（アドレス：https：//www.datadeliver.net/）にアクセス
○ステップ3 → 動画データを指定箇所にドロップ
○ステップ4 → データ便がURLを作成
○ステップ5 → 親方はデータ便が作成したURLを施主のメールアドレスに送信
○ステップ6 → 皆さんは送信されたURLをクリックし動画をダウンロード

上記のサービスは、データ容量が莫大でなければ無料です。しかも、動画には時間が記載されていますから、（2分37秒の画面の窓枠の右上にペンキの塗り忘れがあります）などと、親方と同じ画面を見ながらチェック可能ですから、現場に行く必要はほとんどなくなります。最新のテクノロジーを活用し、お金よりも大切な時間のセーブを心がけてください。

最終検査は不動産賃貸仲介業者に依頼

動画で工事進捗状況をチェックしながら進めれば、発注者と親方の間に相互信頼が醸成されます。こうした工事チェック体制の構築は、遠方の物件では大切です。

では、工事が終了したから、それで終わりかと言うと、少し待ってください。

「なんで？　依頼した工事は全部終わったんでしょ。もうやることないじゃない？」

私たちのゴールは「負動産」を「富動産」にステップアップさせることです。金ばかりかかり、皆さんの重荷になっていた困った不動産を、誰もがうらやむ孝行息子になってもらわねば、意味がありません。

「じゃ、どうすんの？」賃貸市場に出すのです。

だからこそ、毎日、物件をチェックしている賃貸仲介の不動産業者に、最後のアドバイスを求めるといい。最終検査の現場には親方がいるのですから、改善点があれば、その場で工事を依頼し、工事終了日も確定させてください。

そして不動産仲介業者には、すぐに仲介業務を始めてもらうといいでしょう。

「家賃とか敷金・礼金の賃貸条件はどう決めるの？」

賃貸仲介業者といえど、不動産業者ですから、苦労なく儲けたいという本能は、強欲な

不動産転売業者と同様です。ですから、チャッカリ者の不動産賃貸仲介業者は、新規の物件の見積もりを依頼されると、相場よりも10％前後安い価格を提示しがちです。

「なんで？　安いと、仲介手数料も安くなっちゃうでしょ」

相場よりも10％安いと、賃貸物件は右から左に決まります。彼らには希望の賃貸物件を探し続けている賃貸入居希望者がいますから、こっそり電話をかけたりします。

『あ、清水さんですか？　いい物件が出たんですよ。4LDKの戸建で月額5・5万円リフォームしたばかりでして、広告出したら、すぐに決まります。駐車場ですか？　大型自動車なら2台。軽なら3台余裕です。どうします？　キープしますか？』

こんな営業電話で、あっという間に契約を成立させるわけです。彼らの労力は、家賃を下げ、電話をかけただけ。不動産業者の喜ぶ〝濡れ手に粟〟のスタイルです。

「どうすりゃいいの？」

ネットで実際の中古物件を検索し、相場を確認してください。事実に基づいて募集するべきです。また親方に送ってもらった動画、特に最終検査の動画は賃貸仲介の営業販促材料として活用できますし、退去精算の際の現状確認のエビデンスとしても利用できます。工事現場の動画撮影は1度で3度も4度も美味しい、施主のためのツールであると考えます。

周辺のアパートに戸建リフォーム内覧会のチラシを配布

アパートと戸建……。一概に、どちらがいいのか、言い切ることは難しいのですが、幼いお子さんと暮らす夫婦からすると、戸建で育てるほうが断然いい環境です。

その理由は……。仮に子どもの友人のケンちゃんを自宅に招いたとします。幼い2人がリビングでくつろぎ、ゲームに興じ、はしゃぐ姿は、母親にとって至福の時です。

ところが、幸せの時間は長く続きません。

「うるさいぞぉ、お前らだけが住んでいるんじゃないんだ。静かにしろ」

突然、下から怒声が突き上げてくる。母親は、「ちょっとごめんね」と、言い残し階下に住む老人宅に。帰ってみると、ケンちゃんの姿は見えない。その後、「ケンちゃん元気?」と尋ねると、「あいつなんて、友だちじゃないよ」と子どもから一言。2人の仲が悪くなったのは階下の老人の一件であることを知りながら、子どもも母親も口にしない……。

赤の他人がひとつ屋根の下で暮らすアパートでは、ありがちなワンシーンです。

一方、戸建で暮らす親子は、貸家ではなく所有者と同様の暮らしが可能です。町内会に入れますし、庭で犬も飼えるし、ピアノだって弾けちゃいます。

ただ、以前お話したように、賃貸に出てくる戸建は圧倒的に少ない。もともと戸建を建

てるには安くても2000万円。地方であっても、土地代を含めれば1戸当たり平均3000万円が必要です。それだけ出費して年間100万円以下の家賃だとしたら、投資した資金を回収できるはずもありません。それに、ローンを終えた方にとっても、得られる家賃は30年支払ってきた月々の住宅ローンの半分以下ですから、悔しくて貸せない。需要があるのに、供給が驚くほど少ない。それが賃貸戸建です。

ご理解いただきたいのは、相続された皆さんは、コストゼロに近いからこそ、10万円に満たない家賃であっても投資する価値があるわけです。

「でもさ、リフォームして入居者がいないと、リフォーム費は丸損になるんでしょ」

心配なさる必要はありません。近くのアパートに戸建リフォーム内覧会のチラシを撒けば、ケンちゃ

不動産のチラシの一例（マンションのものですが…）

んが尋ねたアパートのご夫妻がきっと、興味をもつはずです。

「なんでそう言い切れるの？」

2DKのアパートの家賃だって月額5万円前後です。一方、賃貸戸建の期待月額家賃は、6万円～8万円。旦那さんがたしなむタバコを禁煙すれば浮く、手の届く範囲内です。

♡禁煙で浮いたお金で戸建暮らし♡　戸建内覧会開催中!!　見に来てねぇ～♡

こんなベタなキャッチフレーズのチラシで十分！　入居希望者は列をなします。

リフォームを終え、自信を取り戻した皆さんのご実家は、新たな家族を迎え、明るく微笑んでくれることでしょう。

第6章

不動産取引、リフォーム工事で損をしないための基礎知識

不動産業者の多くは、ウソをついてでも自分たちが儲けたい輩

平成30年、シェアハウス大手、スマートデイズが手掛ける〝かぼちゃの馬車〟事件が勃発！　上記運営会社とともに、融資を一手に引き受けていたスルガ銀行も経営危機に瀕しました。そして、1000人近いサラリーマンの皆さんは危機に瀕しています。

平成31年3月頃から令和元年に問題が発覚したのは、アパート・デベロッパー大手レオパレスの建築偽装です。同社は、国土交通省から建物修理の指導が入り、経営悪化。被害を受けた投資家も融資に必要なエビデンス改竄で非難される始末です。

こうした事件が連続すると、不動産投資……。一般の方から見れば、悪いイメージしかなくなるのは仕方ありません。

誰が悪いのでしょうか？

（騙される奴が悪い。そんな儲け話を信じるほうが間抜けだ。ざまぁみろ　などなど）

世間一般の皆さんが抱く本音は、上記のごとく辛辣です。

果たして、本当にそうでしょうか？　騙された人が悪いのでしょうか？　私には、どうしてもそう思えません。不動産賃貸投資を志す、大半の方々は、大儲けを狙っているわけではありません。家族の安定を願い、年老い働けなくなっても、身内や社会の迷惑になら

ないための自助努力です。大きな借金をされた方は、軒並み本業で評価されていらっしゃる方々ばかり。彼らの判断能力がことさら劣っているはずなどありません。

「じゃ、誰が悪いの？」

ウソを平気で口にし、自分さえ儲ければそれでいいという強欲な不動産業者です。

普段の社会生活で、平然とウソをつく人などいません。皆、己の職分を守り、口約束であっても書面にされた契約書と同様に守ろうと努力される方ばかりです。

ところが、不動産業界は違います。

儲けた奴が偉い！　儲け方はなんでもいい！　人の儲けより自分の儲け！

強欲な彼らの決め台詞は、

（所得税や相続税が安くなるから、借金をして投資物件を買いませんか？）

すべてのトークに多額の借り入れがセットになっています。顧客の属性から生み出される信用を金に換え、高い不動産を売りつけて知らん顔。その上、管理業務と称し、家賃の上前もはねてゆく。骨のズイまでシャブる、ハイエナのような輩ばかりです。

皆さんが認識を新たにすれば、本業で鍛えた判断能力により、人物や物件の良し悪しを区別できますし、一般の不動産業者の知識など1カ月もあれば、キャッチアップできます。

どうか不動産屋の甘言は〝ウソ〟という前提で、ご対処願えれば幸いです。

不動産業者はレッテル貼りの名人

「私は、不動産業一筋37年！　お客様からいただく感謝の言葉こそ、私の喜び。一生の付き合いのある方ばかりです。本日は、どうぞよろしくお願い申し上げます」

ウソ臭いと思いませんか？

不動産業一筋37年って、この人50歳そこそこでしょ。中学卒業から不動産業？それに、一生の付き合いのあるお客さんばかりだと、通常の業務ができません。

「まぁ、何でも文句をつけるね。不動産業者に恨みでもあるの？」

まともになっていただきたい。正直に、接客してもらいたい。そして、騙すな！　ただ、それだけです。一般のサラリーマンに、身分不相応な借金をさせて、性悪物件を高値で売り抜けて、完売パーティーをキャバクラでやるなど、吐き気がします。ちゃんとしろよ。お客さんを尊敬して、しっかりした不動産を提供しろよ。そう思っています。

この話をするたび、グリム童話の「赤ずきんちゃん」を思い出してしまいます。

赤ずきんちゃんは、お母さんから森の向こうに住む病気で寝ているおばあちゃんに届け物を頼まれます。怖い森を何とか抜けて、おばあちゃんの家につき、ドアをノック。

「赤ずきんちゃんです」

「お入り」

赤ずきんちゃんは、おばあちゃんを見て驚きながらたずねます。

「ねぇねぇ、おばあちゃん、なんでおばあちゃんのお耳は毛が生えて大きいの？」

「それはね、赤ずきんちゃんの声を良く聞くためだよ」

「ねぇねぇ、おばあちゃん、どうしておばあちゃんのお目々は赤くて大きいの？」

「それはね、赤ずきんちゃんを良く見るためだよ」

そして、最後に「どうして、口は大きくてキバが生えて、舌は長いの？」と言った途端、赤ずきんちゃんはオオカミに飲み込まれてしまいました。彼女は幸い、近くを通りかかった猟師に助けられ事なきを得ましたが、なぜすぐにオオカミだと理解できなかったのか？

それは、お母さんにおばあちゃんがベッドで寝ているからと「レッテルを貼られた」からです。強欲な不動産業者も同じです。彼らは不動産業一筋37年とか、お客様に喜ばれているなどなど、思いつく限りのレッテルをお客に貼り、「こっちは専門家なんだから、余計な疑問は持たないでいい。オレの話を信じろ」と強制しています。

どうか強欲な不動産業者が、皆さんにレッテルを貼ってきても、はがしていただきたい。オオカミはオオカミと一目でわかる客観的な視点を維持していただきたい。それが、私の心からの願いです。

〝サンタメ・ギョウシャ〟って、ご存知ですか？

不動産業者は、一般の方々と違い、短期譲渡所得や長期譲渡所得と無縁の存在です。私たちは、不動産の売却により利益が出ると、所有期間により短期譲渡所得や長期譲渡所得の税金を支払わなければなりません。

「あぁ、聞いたことあるな。確か、短期が39％で長期が20％だったかな」

おおよそ、おっしゃる通り。詳細をご説明いたします。まず短期と長期を分ける所有期間は5年であり、所有の判断は毎年1月1日現在、不動産を所有しているか否かです。

つまり、平成25年10月1日に所有し、平成30年11月30日に売却したとすると、見掛けは5年と2カ月間所有しているように思います。しかしながら、平成25年1月1日は所有していなかったので、所有期間のスタートは平成26年1月1日になり、所有期間は4年と11カ月……。区分は短期譲渡所得となります。

「なるほど、ぶっちゃけ、6年所有してれば、長期ってことか」

さえてますね。では次に、所得の簡易計算式は左記の公式となります。

公式：譲渡価格　－　取得費　－　譲渡費用　＝　課税譲渡所得

そして、なんと短期と長期で課税される税率は、東日本大震災の復興特別税も２０３７

年まで加算され左記のごとくです。

短期41・1%（内訳）　所得税30%　住民税9%　復興特別所得税2・1%
長期22・1%（内訳）　所得税15%　住民税5%　復興特別所得税2・1%

にもかかわらず、宅建業者である不動産業者には適用されません。

そして、その特権を悪用しているのが三為業者（さんためぎょうしゃ）です。

彼らは、朝から晩まで「ご所有の不動産を高値で買い取ります」と電話をかけ続け、アポイントの取れた方の家に出向き、しつこい説得により市場価格の60%以下で不動産売却契約を締結。その後、不動産投資家に「格安の物件が出ました」と市場価格の1割安い90%で売り営業を敢行し、売却契約を締結してしまいます。

「買取りも売りも契約だけ？　どこで決済するの？」

決済は同時です。そして、ここがミソですが、「第三者のためにする契約」を行う不動産業者と称す「三為業者」は、名義変更することなく、売主と買主の間に入るだけ。ところが、彼らはその価格差を丸々ポッケにナイナイしてしまいます。彼らの利益率は30%以上！　仮に5000万円の物件であれば、1500万円を一度の取引で、くすねてしまうのです。皆さんのお家にかかってくる不動産営業の80%は、こうしたサンタメ野郎ですから、無視することがベストアクションだと、ご認識ください。

不動産屋にリフォーム工事を丸投げすると、工事費用は2倍！

私は、多くの不動産業者と話し、酒を飲み、取引をし、気づいたことがあります。

不動産業者の多くは一般のサラリーマンの方々にルサンチマンを抱いていることです。

「また、わけわからないことを言い出したね。るさん……なんとかって何なの？」

ルサンチマンとは、弱者が強者に対して抱く「憤り・怨恨・憎悪・非難」の感情です。

この言葉は、デンマークの思想家キェルケゴールが想定した哲学上の概念でして、ニーチェの『道徳の系譜』やマックス・シェーラーの『道徳の構造におけるルサンチマン』により、一般化しました。

「不動産屋はお客さんや社会を恨んでるって言うの？　その理由は何なの？」

誤解を恐れずに申し上げると、自分の理想の仕事につけなかったから……。

（いいなぁ。オレも、こいつらのような仕事したかったな。オレは所詮不動産屋かぁ）

一言で申し上げると、こんな感じです。結果として、資産家を騙して、安値で所有物件を売らせ投資家に買取り価格の倍で売り、巨額の利益を上げても心が痛むことはない。施工不良のアパートを売っても、守る気など一切ない30年家賃保証の契約を結んでも、へーキの平左衛門！　むしろ、その成果を仲間内に誇り、恥じることはありません。

そんな不動産業者を信頼し、不動産投資物件を選択してもらい、金融付けまで頼み、リフォームも丸投げ……。もう、血の滴るステーキを身体中につけてオオカミの群れの中に飛び込むような、自殺行為です。

（喰っていいよな。こいつら、自分から飛び込んで来たんだから、自業自得だよな）

多少良心の残っている不動産業者にしても、躊躇いながらもお尻の肉を喰い、指を食いちぎり、鮮血をすすり喉の渇きをいやしてしまいます。

実家を相続された方々も、十二分にご用心していただきたい。賃貸不動産レベルにステップアップさせるためのリフォーム工事を不動産業者に丸投げすると……。

リフォーム工事は、賃貸用のリフォームではなく転売用のリフォームになりますし、職人さんに支払われる材工の金額の倍を負担する羽目に陥ります。結果、自己資金では足らず、紹介された金融機関から融資を受け、永遠に管理費を支払うことになります。

「ちょ、ちょっと待って。工務店の見積もりが来たんだから、倍にならないでしょ」

不動産業者は工務店の社長の耳元で「倍で出しとけ」とささやくだけです。そして、入金されたら「半分、入金しとけ。いいな」と指示するだけのこと。もし、それに従わなければ、工務店は仕事がなくなるから、仕方なく入金します。

ウソのような本当の話。信じるか信じないか、皆さん次第です。

雨漏り修理の依頼から新築工事の獲得！　工務店のヒーロー誕生

スナックの中央でジョッキを片手に雄叫びを上げる集団がいます。

「片山社長ぉおお！　最高ぉおおおお‼　一生ついて行くぞぉ」

「いやいや、そんなさ、大したことじゃないよ。まぁ、座ろうじゃない」

「し、失礼しました。肩ぁ、揉ませていただきます」

職人風の若い集団は、60歳を少し過ぎた作業着姿の男性を下にも置かない扱い。

「で、おめぇら、頑張ってるのか？」

「はい！　と、言いたいところなんですが、取れる仕事は不動産業者経由ばかりで、食ってゆくのがやっとです。片山社長のように営業力がなくて……」

「まぁ、そうだな。奴らは、オイラたちが食ってゆくのがやっとの賃金しか出さないからな。わかるよ」

「そこで、失礼とは存じております。重々承知しております。でも、後輩思いの片山社長の爪のアカ、せんじて飲みたいと思って、本日ぅう、お越しいただきました」

「なるほどな。オイラで役に立つなら、何でも聞いてくれ」

傍目には、麗しい先輩、後輩の上下関係です。何を話しているのでしょう？

「あのぉ、今回、社長が契約された2500万円の建替え工事、きっかけは雨漏りの修理だとお伺いしたんですけどぉ……、そこから、どうやって新築工事に？」

「直球だなぁ。まぁ、若いうちはそれもいいか。でもさ、女っけがねぇな」

片山社長は、己が圧倒的に有利な立場を確認すると、両隣に女性を要求し、思う存分飲んで喰らい、音程が微妙にズレたカラオケをがなり、スタンディングオベーションを要求……。そして、事の次第を口にしました。

「まぁ、雨漏り修理で呼び出されて、確認するのは、客の顔と家の様子だ。小汚い家だとノーチャンス。あんまり気にしないし、金も引っ張れねぇからな。ところがだ、整理整頓が行き届いて、これが部屋着か？　と言うほどビシッとしてる家はカモだな。ちょっとのミスも許さない潔癖症の奥方と、気の弱い旦那だとドンピシャだ」

「で、でも。すいません。たかが、雨漏りですよね。20万もかからないで直るでしょ」

「そこは、素人。ここからがミソだ。誰にも言うんじゃねぇぞ。タメてな『ここ直してもまた雨漏りだな』って、小さくつぶやくんだ。すると、神経質な奥方は見逃さない。『どういうことですか？』って、詰め寄ってくる。そこからはオメェ、こっちの掌だ。新築した前の工事屋をくさして、建物の限界を信じ込ませて、建替えに持ってゆくわけだ」

工務店の中にも、虎視眈々と皆さんを狙う強欲な輩がいること、忘れないでください。

6

耐震工事の呆れた工事費上乗せ

建築確認申請が昭和56年以前の建物は旧耐震です。相続された戸建の中には、旧耐震の戸建は数多く存在しています。予備知識のないまま、不動産仲介業者に賃貸仲介を依頼すると「なるほど、昭和54年築ですか……。そうですか……」

と、深いため息を聞くことになるかもしれません。無視すればいい。ところが、こうしたワナに引っ掛かかってしまうのが、本業でミスなくこなし続けてきた方々です。

なぜなら、他人にため息をつかれるなんて許せない。ムキになってしまいます。人の感情の動きだけで仕事をこなし続けてきた不動産業者はこれを見逃しません。ため息をついた理由を、パソコンを開き「旧耐震　被害」で検索し、数多のニュース記事や専門家の解説を目の前につきつけます。

「いやぁ、賃貸入居者の皆さん、敏感でしてね。旧耐震の建物だとお客さん付きづらいんですよ。どうします？」

彼らは、客が自ら、耐震工事を依頼してきたという体(てい)を装い、莫大な工事につなげてしまうわけです。もちろん不動産業者2倍の法則はここでも生きています。彼らは、巨額の利益に関心があり、お施主さんの心の平穏を目指しているわけではありません。

「でもさ、耐震工事って、具体的に何をするの？」

壁を増やしたり、筋交いを追加したり、耐震ダンパーと言って、揺れを吸収する耐震器具を据え付けたり、耐震金具を各所に設置したりする工事全般です。

「いやぁ、ぶっちゃけ、器具の据え付けだけで、そう多くはならないでしょ」

ところが、戸建の内部の壁紙の下は石膏ボードです。石膏ボードを挟んだ筋交いや耐震器具の設置は強度不足になります。

また、筋交いがアカラサマだと、カッコ悪いとかなんとか、吹き込んで、戸建全体の改修工事に持ち込むのも、工務店だけでなく不動産屋も、良く使う常套手段です。

200万円なんて序の口、300万、500万を超える工事費を支払うことになるのも、当たり前の光景です。

「そんなに高かったら、やめるでしょ。賃貸になんて出さないでしょ」

であるなら、「この際です。更地にして売却しませんか？」と、不動産業者が大儲けできるプランBを提示するだけのこと。それもダメなら、他の案件にスイッチします。

「どうすりゃいいの？」

厚さ24㎜のコンパネを1階の四隅そして1階の建物中央の壁両面に接着剤と長尺のネジで合体させること。施工費合わせても20万円前後で耐震工事は終了です。

シロアリ業者のビジネスモデル

建物に被害をもたらす、シロアリはアリの仲間ではなく、ゴキブリの仲間です。

「そっかぁ、だからシロアリは嫌われるんだ。でも、あいつらの食欲すごいよね。柱の外側だけ残して、丸々喰っちゃうことって、よくあるでしょ」

彼らの餌は、生きている植物ではなく枯れた樹木。森の掃除屋とも言われています。シロアリは死んだ植物の遺骸を食べ、消化器官内の微生物に分解させ、その栄養素により、エネルギーを得ています。日本国内のヤマトシロアリやイエシロアリは森にもいますが、街中に森はありませんから、建物の木部を侵食しているわけです。

「まぁ、なんだか、かんだかわからんけど、シロアリが出たら、業者に電話だね」

ちょっと、待ってください。

「何、また、異論を言うの？　シロアリは建物の害虫なんだからさ、駆除するでしょ」

シロアリが建物に重大な被害を与え、駆除の対象という2点について異論はありません。しかしながらシロアリ業者に頼むのは、私の解説を聞かれてからにしてください。

「聞いてやろうじゃない。言ってみなさいよ」

まず、シロアリ業者は駆除が困難であると、さまざまな例を持ち出します。

やれ、土中や樹々の内部に生息し、市販の殺虫剤では駆除が困難である……。シロアリから建物を守るには、床下の地面には薬剤のバリア層を作り、木材の表面だけでなくドリルで穴を開け、圧力をかけて薬剤を内部に浸透しなければならない。ただし、薬剤の効力は5年程度なので、定期的に駆除処理を続ける必要がある。

まぁ、もったいぶって言ってますが、定期的なシロアリ駆除受注を最大の眼目に置いていることがまるわかりです。そもそも、シロアリ駆除業者はシロアリに木材を食わせて殺す手法です。だから少なくとも、食った木部は減ります。

「どうすりゃいいの？」逆転の発想が必要です。

基礎の風通し（換気口）にノズルを突っ込み、『強力　防水一番』の霧で充満させれば、土もコンクリートも剝き出しの木部も水を吸えなくなります。水分を吸収できない木部はシロアリが食べて消化器官に送っても、微生物は分解できませんから、

（なんだ、おいしそうに見えたけど食品サンプルか。食えねぇわ）

と、きびすを返し、移動するだけです。さらに防水一番は木部の奥まで浸透し、効力は時間の経過により弱まることはありませんので、定期的な工事は必要ありません。費用は材工共で4万円前後。材料費だけで言えば、2万円かかりません。

工務店専任の職人なんていません

職人の世界は独立採算制です。大林組、大成建設、清水建設、鹿島建設、竹中工務店など名だたるゼネコンであっても、常雇いと化している職人はいても正社員はいません。

「そりゃ、そうでしょ。それがどうかしたの？」

これは、地場の工務店でも同様であり、元請けが発注者から仕事を受注すると、職人に仕事内容と金額を伝え工事を施工しています。

「わかり切ったことでしょ。で、何が言いたいの？」

これって、建設業界では当たり前ですが、他の業界では異常なシステムです。

例えば、トヨタの工場に正社員の工場勤務者はいないでしょうか？　確かに、派遣や期間工と呼ばれる非正規社員の割合は近年、増加していますが、それらは工場労働者のバッファー機能であり、正社員の工場労働者が中核を担っているのは当然です。薬品メーカーや服飾メーカーなども同様に正社員の工場労働者で支えられていることは、おわかりいただけるでしょう。

メーカーの工場は、本社からの予算範囲内で完成品を納品し、販売部門がお客に販売します。製品は原料納入から販売まで一貫しています。ですから、たとえトヨタ自動車の会

長である豊田章男氏が「孫にレクサスRX頼まれたんだ。正規価格じゃなくてさ、工場出荷価格で買いたいんだけど、どうかな？」と、お付きの秘書に言ったとしたなら、

「会長、なんてことをおっしゃるんですか？　ゴーン氏のように糾弾されたいのですか？」

と、諫められてしまいます。

「そりゃ、そうだろ。トップに厳しい世の中だしね。それが、リフォームと関係するの？」

はい。とても密接な関連性があります。

まず、ご理解いただきたいのは、リフォーム工事は、建築確認申請が必要な許可工事ではなく、職人さんと施主が打ち合わせて施工可能な簡易工事であるという事実です。

しかも転売目的ではなく、賃貸ですから殊更神経質になる必要もありません。

「だから、どうだって言うの？」

相続されたご実家のリフォーム工事は、職人さんに直接依頼し、工務店の中抜きを防いでいただきたい。さすれば、メーカーで置き換えると、工場出荷価格で正規商品と同様の製品を入手可能です。

中古不動産を建て替えることなく、新品同様にリフォームする商品が巷を跋扈していますが、職人さんの施工金額は、顧客の支払った価格の55％前後。建築確認の必要のないリフォーム工事で40％以上の中抜きを支払う必要性など、どこにもありません。

9 多能工への直接発注で工事費を半額に

多能工という言葉をご存知でしょうか？

「田農……工。　農業関係かな」

建築工事には、基礎工事、大工工事・屋根工事・外壁工事・水道工事・電気工事・ガス工事・内装工事、などなどさまざまに存在します。そして、それぞれの工事を担当する職人さんは工務店から発注を受けた工事現場に決められた日時に行き、期限内に施工されています。ですから職人の親方は、受注工事が途切れないよう取ってくるのが一番の仕事。現場監督の元に通い、一緒に酒を飲み、ブクブクと太る傾向に陥りがちです。

「それが、どうしたの？」

リフォーム工事も場合によっては、すべての業種を必要とします。とはいえ、一般の建築工事で働くような職人さんに依頼していては、工期も延びるし、価格も高い。

「まぁ、そうかな。で、どうするの？」

先ほど申し上げた、多能工の職人さんに依頼することが、解決策となります。

「さっき上げた工事の中にはなかったね。どういう工事を担当する職人さんなの？」

基礎工事・大工工事・外壁工事・屋根工事・内装工事、そして水道工事の6種類の工事

を監督でき、人数が不足すれば本人も施工可能な職人さん。それが多能工です。

「へぇ～、そういう人っているの？」

若い頃からさまざまな現場を渡り歩き、その時々に仕事の要領を覚えた職人さんが多能工さんです。通常、40台後半以上。組織を嫌い、一匹オオカミの性分です。

「多能工さんって、昔からいたの？」

一昔前、昭和の水道管が鉄管だった頃は、器用な職人さんであっても、鉄管をねじ切りする専門の機械を所有していませんでしたので、多能工は成立しませんでした。

ところが、硬質塩ビ管が鉄管に置き換わると、水道管の接続はノコと接着剤で済むようになり、多能工が一躍、注目されるようになりました。貸家のリフォームに水回りの工事は付き物ですから、水道工事もできる多能工でなければ、水道工事屋を別に頼む必要があり、施主と職人だけで工事を進めることが困難になります。

「なるほどね。多能工に頼むと工事金額は安くなるの？」

確実に安くなります。

例えば、和式便所を洋式便所に変える際、必要な職人は、大工工事、水道工事、そして内装工事です。もしも専門の職人さんに頼むと、最低でも3人。半端な工事であっても半日分の工賃を支払う必要がありますし、工期も延びます。ところが多能工の職人さんに依頼すれば、1日で終了。総工事金額は半額となることでしょう。

そんな便利な多能工ですが、一体どうやって探せばいいのでしょうか。また多能工かどうかはどのように判断すればいいのでしょうか。

多能工か否か確認するには、本書104ページでお伝えした「リフォーム・オーディション」の書類選考の段階で、

「水回りの工事も、御社で施工可能でしょうか。それとも、水道工事業者に発注なさいますか？」

と確認し、大工工事や内装工事とともに水道工事も実行できる工事業者をファイナルステージにセレクトすれば良いのです。

以前の私の著作では、このような場合、個人の職人が加盟する土建組合で探せばいいと推奨していました。このため多くの読者が土建組合にアクセスしたため、土建組合の有力者の一部が工事を回しあい、利権化してしまいました。

結果、「通常よりも3割高い請求書が届いた」「うちは倍近い金額を提示された」とのクレームが私の元にも届くようになってしまいました。

よって今では、積極的に土建組合を推奨していないのです。

第7章

相続問題の根幹（相続におけるメリットとデメリット）

相続税ゼロ詐欺商法に騙されないでください

☆不動産業者のアプローチ☆

セミが鳴いている。

(急がなくていいのに……。お前の仲間たちは、まだ土の中だ。ちょっと早いだろ)

山根哲也は、家の前の通学路を無表情のまま掃いている。

と、その時。

「おはようございます。わたくし、この度、城西地区担当を拝命いたしましたぁ〜、ABC不動産の清水健太郎と申します」

「なんだ、やぶから棒に。帰れ」

「申し訳ありませんでした。では、失礼します」

身長190㎝近い青年は、腰を90度以上、折り曲げて一礼しきびすを返す。セミの声は聞こえなくなっていた。

翌朝、山根はいつものようにほうきを手にしていると、

「昨日は、失礼申し上げました。私ぃ、この度ぃ……」

「しつこいなぁ、帰れ！　用はねぇよ」

青年は、前回と同様、礼儀正しく立ち去ってゆく。山根は、青年の後ろ姿を改めて見つめる。若く、礼儀正しく、立ち居振る舞いにソツがない。なにしろ、自分の言葉に素直に従うのがいい。

働いた。

過労死など笑い飛ばし、朝から晩まで働き抜いた。それが、男の務めだと思っていた。その結果がこれだろうか？

女房には先立たれ、大学まで出した3人の子どもたちは寄り付かない。古希（70歳）の祝いに孫を連れて来てくれたのはいいが、教育資金がどうした、生前贈与がどうのこうのと、奴らの本音は金の無心だけ。怒鳴りつけて席を立った。翌日、思い返し3人の子どもの口座に100万円ずつ振り込んだのに……。

（ねぇ、父さん、もう少しなんとかならない？）

と、さらなる要求。言葉も出なかった。

近所づきあいも苦手だ。

こうして近所の子どもたちが通学した後、道路を清掃しているのも、良く思っていないらしい。監視している、誰様と思っているのか、などなど、言いたい放題だ。

それに比べて、どうだ？　確かぁ、〝清水なんとか……〟。

だが、もう来ないのだろう。退職した会社の後輩も、子どもも、口うるさい奴は苦手なんだろう。

忘れることだ。

山根は想いを振り切るように、ほうきの柄に力を入れる。


翌朝、山根哲也は、いつもより早く道路に立っていた。

きっとがっかりする。それはわかっているのだが、もしかしたら……。淡い期待を抑えきれなかった。

山根の口元は無意識に上向く。気づいた彼は、せき払いをして無表情に戻した。

「昨日も一昨日も、地域清掃に汗を流していらっしゃる旦那様に突然お声がけをしてしまい、申し訳ありませんでした。お詫びでございますが、甘い物をお持ちいたしました。私ぃ、この度ぃ、城西地区担当を拝命いたしましたぁ、清水ぅ、けん……」

「大声出して、近所迷惑だろ。いいから入れ」

口とは裏腹、山根は心から喜んでいた。

セミの鳴き声は心なしか増えていた。

ご購読ありがとうございました。今後の出版企画の参考に
致したいと存じますので、ぜひご意見をお聞かせください。

書籍名

お買い求めの動機

1　書店で見て　　2　新聞広告（紙名　　　　　　　　　）

3　書評・新刊紹介（掲載紙名　　　　　　　　　）

4　知人・同僚のすすめ　　5　上司、先生のすすめ　　6　その他

本書の装幀（カバー），デザインなどに関するご感想

1　洒落ていた　　2　めだっていた　　3　タイトルがよい

4　まあまあ　　5　よくない　　6　その他(　　　　　　　　　)

本書の定価についてご意見をお聞かせください

1　高い　　2　安い　　3　手ごろ　　4　その他(　　　　　　　　　)

本書についてご意見をお聞かせください

どんな出版をご希望ですか（著者、テーマなど）

郵便はがき

料金受取人払郵便

牛込局承認

9410

差出有効期間
2021年10月31日まで
切手はいりません

1 6 2-8 7 9 0

東京都新宿区矢来町114番地
神楽坂高橋ビル5F

株式会社ビジネス社

愛読者係行

ご住所 〒 TEL:　　(　　)　　FAX:　　(　　)		
フリガナ お名前	年齢	性別 男・女
ご職業	メールアドレスまたはFAX メールまたはFAXによる新刊案内をご希望の方は、ご記入下さい。	
お買い上げ日・書店名 年　月　日　市区町村　書店		

☆顧客の心の隙間に潜入☆

「おっ、もうこんな時間か。健太郎、会社大丈夫か？」

「お心遣い、感謝です。山根さんのお話はためになることばかりです。ところで、先ほどの、取引先が危ないって情報を入手された後のことですけど、どうされたんですか？」

山根は待っていましたとばかりに、続きを再開する。

健太郎のリアクションは期待を凌駕！　ひざを乗り出し、あいづちを打ち、驚き、その先を促してくれる。子どもたちや会社の後輩どもの、

「それって、何度も聞きました。もういいです」

とは比べ物にならない。

暇があれば、山根の家を訪れる健太郎は、日ごとになくてはならない存在となっていく。

そんな夢のような日々が10日続き、健太郎はパタリと来なくなった。

山根は、（いけない、いけない、電話なんてしちゃいけない）と、思いながらも、ＡＢＣ不動産に電話をかけると、その30分後……、

「ご心配をおかけし、申し訳ありませんでした。清水けんたろ……」

「いいから入れ」

山根は清水健太郎の重度中毒患者になっていた。

☆クロージング☆

「どうした？」

「はい。成績が悪くって。人事課で絞られていました。すみません、ご連絡できず……」

「そういやぁ、健太郎は不動産会社だったよな。どうだ、オレに相談していいんだぞ」

「とんでもありません。山根のお父さんは師匠ですから、そんなことはできません。それに、新人ですから正確に説明できる自信もありません。そんな話はいいですから、暑くなってきましたので、冷えたスイカ持ってきました。初物ですよね」

山根は、健太郎が愛おしくてたまらなくなる。こんな場面に遭遇した子どもたちや会社の後輩なら、許可を得られたと、己の願望をぶちまけるに違いない。

ところが、どうだ？

健太郎は、謙虚で慎み深く、こちらを思いやる気持ちにあふれている。それにつけ込み、自分は思い出話を遠慮なく口にしている……。ヒマつぶしに、健太郎を利用している。

山根は、スイカをほお張りながら、健太郎に質問をした。

「もし良かったら、お前さんの商品説明を聞かせてくれないか。いやいや、自信がないのは、わかってる。だったら、お前さんの上司から聞く。それならいいだろ」

「でしたら、私が尊敬する安永部長をお連れしてもよろしいでしょうか？」

セミの声が珍しくなくなった数日後、健太郎は上司の安永を連れ、山根宅を訪れた。

「おお、健太郎か、あがれあがれ」

「お初にお目にかかります。私、安心の〝安〟に永遠の〝永〟と書きまして安永と申します。山根様には、うちの清水がいつもお世話になり、誠にありがとうございます」

「いやいや、こちらも、けん、いや、清水君には話し相手になってもらって、感謝しています。今時の青年には珍しく謙虚で思いやりがある。それで、何を売っているんだ？ 説明してみろと、言ってみたんだがね、正確な説明には自信がない……。それで上司の貴方におはちが回ってきたわけなんですよ」

山根は雑談を交えながら、安永を観察する。一見すると笑わないことで有名になったラグビーの稲垣選手によく似ている。包み込む掌は厚くグローブのよう。業界が長いのだろう。一言、一言に重みと自信が漲っている。

「うちの清水が心配しているのは、山根さんの相続税の大きさです」

「相続税？」

「はい。駅前の300坪の駐車場、あの辺りは坪50万ですから、相場で1億5000万円します。相続評価額ですと約1億円。基礎控除はこちらのご自宅ですべて使い切りますから、1億円は累進課税となりますので3000万円～4000万円の相続税がかかってしまいます。仮に、相続税用のお金があったとしても、その金融資産にも相続税が押し寄せてくる。清水は、必死に懸命に働かれた山根さんが困ってしまうのじゃないかと、私に何度も相談に来たんです。熱い奴ですから……」

「け、健太郎ぉ。お前って奴は」

もう、ダメです。

山根哲也は、よどみなく話す安永の説明に首をタテに振り続ける人形状態です。安永は、クロージングの好機到来とたたみかけます。

「山根さん、2億円でアパートを建てると、相続税はゼロになります。自己資金もおありでしょうが、ここは融資を受けるのが正解です。資産は土地と建物。土地の課税価格は1億、そして建物は完成と同時に評価額は投下資金の半分の1億になりますので、資産合計は2億。負債総額は融資の2億ですから、差し引きゼロ。ゼロの資産にかかる相続税もゼロ。こういう仕組みです」

70歳をとうに超えた自分に2億の融資……。にわかに信じがたいプランに、山根は健太郎に「大丈夫か?」と耳打ちするものの、「安永部長は信頼できる方です」と返され、反発する気は一気に消滅。山根哲也の城は、はかなく落城した。打ち合わせを終え、2人を見送る山根の耳に届くセミの大合唱はファンファーレのようだった。

☆山根アパートの結末☆

悪夢を見ているようだ。本当に現実のことなのかどうか理解できない。

すべてを失った。駅前のアパート……。最初の6年は良かった。孫の教育資金も十二分に援助してやれ、子どもたちとの交流も復活した。

ところが、7年目に入居率が下がり、家賃の減額と大規模修繕を要求された。

（30年一括借り上げだ。家賃の減額なんて認められん!!）

ＡＢＣ不動産の水戸本社に怒りに任せて乗り込んだものの、警備員に連れ出され、警察沙汰になった。その後は、弁護士を通じてしか話ができず、少なくない弁護士費用も嵩（かさ）み、訴訟沙汰……。一生の師匠と慕ってくれていた、頼みの健太郎は他支店に移動し、連絡は取れなくなった。家賃で返済など夢のまた夢。老後資金が毎月のように減ってゆくことに怯（おび）え、子どもに連絡すると、「だから反対したじゃない。いい年して、迷惑かけないでよ」と汚物を見るような扱いを受けた。

そして今日、駅前のアパートとともに、同時に差し押さえられ、競売で落札された自宅からも追い出された。

いったいオレの人生は何だったのか、一粒の涙も出ない。ネオンの明かりが灯り始める中、ヒグラシの声を聞いた。

悪徳不動産会社は、相続税の基礎控除減額による相続対象者増を過剰に指摘

平成27年1月1日より、相続税の基礎控除額が引き下げられました。相続税の基礎控除とは、相続税支払い対象の線引きです。定められた金額以下の資産相続に対しては、相続税をかけないハードルとも言えます。

「その基準を下げるってことはさ、相続税を支払う人が増えるってこと?」

事実、平成19年~平成26年までの7年間の相続税対象者は全体の4・2%前後でした。一方、平成27年1月1日から施行された改正相続法により、対象者は平成27年で8・0%、平成28年で8・1%、平成29年は8・3%と、倍増しています。

「じゃ、大変じゃない。やっぱ、相続税対策は大事でしょ」

相続税対策はマストですが、選択してはならないのは、身の丈を超えた融資による節税対策です。山根さんが、なぜ、苦境に追いやられたのかと言えば、70歳を超えていながら、2億円の借金をしてしまったから。その結果、彼は、駅前のアパートだけでなく、自宅を共同担保に差し入れたため、自宅からも追い出されてしまいました。

「なるほどね。で、基礎控除はどういうふうに減額されたの?」

子ども3人の相続税基礎控除の変更は次の表の通りです。

つまり３２００万円、相続税の基礎控除額が切り下がったわけです。その結果、それまで相続税の対象者に含まれなかった人々が倍増してしまいました。

ただし、現状も92％弱の人々は相続税の支払いを免除されているとも言えます。

「ふ〜ん。で、〝法定相続人〟って、何のこと？」

相続法に定められた、相続対象者を法定相続人と申します。

夫婦と子ども３人の家庭で夫が亡くなった際の法定相続人は、配偶者である奥さんと子ども３人が法定相続人となり、法定相続人人数は４人！

その後、奥さんが亡くなり子ども３人の場合、法定相続人は３人。

山根哲也さんがこの世を卒業された際の相続も同様に、法定相続人は３人ですから、基礎控除金額は４８００万円であることがわかります。悪徳不動産業者はこの点をことさら強調し、必要のない借金をさせ高額な不動産を売りつけるのです。

平成26年12月31日まで		平成27年1月1日以降
5000万円＋1000万円×法定相続3人	➡	**3000万円＋600万円×法定相続人×3人**
相続税の基礎控除額 8000万円	➡	**相続税の基礎控除額 4800万円**

相続税は、想像以上に少ない

法律を改正する際、救済措置を同時に施行します。規制を撤廃する際も、付則や但し書きにより新たな規制措置を残すことと似ています。

平成27年1月1日から施行された改正相続法も同様に、救済措置が取られました。

それが、特定居住用宅地の面積変更です。以前は２４０㎡まで課税価格の80％控除されていましたが、この面積を３３０㎡まで拡張しました。

「３３０㎡って、都内なら普通の家の3軒分でしょ」

通常家屋の過半はこの特定居住用宅地に認定されますから、そのまま住み続けるならば、かりに1㎡20万円の宅地であっても、課税価格は20％の4万円に減免され、３３０㎡の宅地であっても１３２０万円！　基礎控除の範囲内であり、相続税の対象から外されます。

結果として通常の庶民は、改正された現在でさえ、相続税の対象にはなり得ないのです。

また、食品工場や病院など事業を営む特定事業用地の面積も特定居住用宅地と同様の４００㎡は80％の控除。事業継続を容易にする措置は今も継続されています。その他の居住用地やその他の特定事業用宅地では、50％控除されます。こうした控除の説明をせず相続税の恐怖だけを突き付け、判断を狂わせるのが悪辣（あくらつ）な不動産業者の手口です。

悪徳不動産業者がフォーカスする顧客

ＡＢＣ不動産がフォーカスする顧客は、資産家の独居老人です。なぜ資産家となっているのかと言えば、コストパフォーマンスが良かったからです。稼ぐよりも使うお金が少ない結果、資産が築けました。そうした方々は、浪費を嫌がると同時に、税金の支払いは1円でも安く済ませたいと思う傾向にあります。〝節税〟や〝還付〟という言葉に心トキメク人々でもあります。

「誰だってそうでしょ」

確かに、税金を喜んで1円でも多く払おうなんて人はいません。しかしながら、納税を嫌がり過ぎ、過大な借金をしてしまうのは、どうしたわけでしょう。普段の彼ら、現役時代の彼らであれば、寄り付かなかったはずの投資話に、ついつい乗せられてしまうトラップは『孤独』です。

懸命にわき目も振らずに働き続けた彼らは、仕事だけでなく家庭の中でも厳しい視線を送るもの。はた目には頼もしくても、子どもたちから見ると迷惑極まりない。

社会人となり、親元を離れれば、できれば付き合いたくない人種です。

なにせ口うるさい。自分の経験が価値基準となっていますから、子どもたちの行動は、生ぬるく、怠けているようにしか見えない。資産家の当主は、怒りたくて怒っているわけでなく、彼らのためと思っているから、落としどころなどありません。

結果、資産家の独居老人は孤独に陥り、近所からも嫌がられ、寂しい毎日です。

悪徳不動産業者から見れば、いいカモ。彼らは、駅前や新興密集地の駐車場を見つけると、ネットの登記簿謄本から、所有者を特定すると、新人を話し相手に送り出します。

上司は、新人に対し……、「いいか、気を入れて聞け。リアクションの師匠はヤバイヨヤバイヨの出川だ。とにかく驚いて、尊敬して、その先を聞かせ欲しいとねだれ。それからな、正座が基本だ。脂汗が浮いて足がしびれて足を崩せと言われても、あぐらをかくな。ジンジンとしびれてな、ひっくり返ったらエクセレント！　爺さん、婆さんはな、お前らを本当の孫以上に好きになってくれる。それから、同じ話をしても、初めて聞いたように対応しろ。それだけだ。あとな、本業の話はするな！　自信がない、正確な説明ができないと言って、逃げを打て！　お前らが好きになった奴らは上司に説明してもらってもいいと言い出す。いいか、情でからめとるのがお前らの仕事だ。わかったか!!」

清水健太郎は、上司の安永の命令通りに動いただけのこと。謙虚で慎み深く、思いやる気持ちにあふれているわけではありません。所詮、金に目がない不動産業者の一味です。彼は、ただただ、命じられた役割を演じたに過ぎないのです。

5 巧妙に仕組まれた契約書のワナ

不動産業者は宅地建物取引業法（通称、宅建業法）により許可された事業者です。

宅建業法は、昭和27年に田中角栄他11名により提出、成立した議員立法です。なぜ、この法律が成立したのかと言えば、昭和27年以前、宅地建物取引業は何の規制もなく、ヤバイ奴らが取引を主導していました。彼らは手付金を持ち逃げしたり、同じ不動産を同時に2人や3人のお客に売って逃げたり、他人の不動産を持ち主のような顔をして売るなどの被害が相次ぎ、社会問題化していました。

〝山師〟や〝千三つ〟など、戒めめいた言葉は、不動産業者の行状から生まれました。昭和から平成にかわり、令和の時代になっても、当時の不動産業者のＤＮＡは色濃く残っています。つまり規制をかけなければ、危ない業者、それが不動産業者なのです。

「規制って、具体的に何を規制しているの？」

売るにしても、買うにしても、貸すにしても、仲介業者は不動産のプロとして、消費者に対象不動産の正確な情報を伝え、強制することなく、仲介業務を為(な)すこと。そして開発や新築に従事する事業者は、建築基準法など関係法令を遵守(じゅんしゅ)して業務を行うこと。宅建業法の理念はこの2つに集約されます。あとは、業務に従事する職員の5人につき1人以上の宅地建物取引士資格を有する宅建士を配置することなど、関係法令はさまざま存在。そのすべての法令は、ちゃんと仕事しろよ。素人を騙すんじゃねぇぞと、彼らの行動を制限しているのです。

その根幹となるのが**重要事項説明**であり、取引実行時までに宅建士による重要事項説明を要求しています。必須の説明項目や、顧客の質問には真摯に正確に受け答えし、誤解や錯誤の余地をなくすよう、規定されています。

「だったら安心でしょ」

ところが、悪のＤＮＡに彩られた彼らは、宅建業者の地位にありながら、消費者の立場も利用する法の抜け穴を悪用しています。それが、山根哲也さんも騙された30年一括借り上げ契約です。業界ではサブリース契約と称し、レオパレスや大東建託も大いにＣＭで顧客にアピールしています。ところが、その実態は、アパートの所有者から借り上げた宅建業者は宅建業法から抜け出し、借地借家法に移動します。なぜなら彼らは、所有者から借り上げた段階で店子ですから、法律の保護対象に成り代わるからです。

「それの何が問題なの？」契約書に何が記載されていても、店子から家賃の減額請求が可能となります。これまで一方的に減額された所有者が腹を立て、数度の訴訟が起こされましたが、原告の所有者は敗訴に次ぐ敗訴。最高裁での判決も確定し、悪徳不動産業者の地

位は万全となりました。今回のレオパレス騒動でも、サブリースを受けた会社はデベロッパーの業者とは別会社であり、法律保護の店子の地位は万全。アパートの隔壁がないなど建築偽装問題とはまったく関係のない法律関係となっています。

さらに管理業務を請け負う別会社も存在し、その管理契約は彼らが作成した契約書に基づいています。これは契約自由の原則に守られているので、契約成立後は解除条件も非常に厳しく規定されています。

所有者が管理業務費用の高さに気づき、解除を申し出たとしたら、半年前の解約を条件とされ、解約申し出後の半年間は無償で借り受け、解約時には1年分の解約金を支払うことと記載されている管理業務委託契約も存在します。つまり、所有者が解約を申し出るには、1年半分の家賃の解約金を用意しなければならないのです。

「無茶苦茶だな。誰か懲らしめる奴はいないの？」

法律の抜け穴を見つけ出し、顧問弁護士にも相談し、法律の理論武装も万全ですから、ちょっとやそっとのことで白旗を掲げません。その上、修理修繕は自社推薦業者に限ると記載されているので、その費用は市場価格の倍……。どこまでも欲深い彼らの魔の手から逃れるには、彼をウソツキと認識し、注意に注意を重ねなければなりません。

一発相続とロングラン相続

現代社会において「相続」とは、

⑴課税時期前、3年間に行われた生前贈与　⑵相続時精算を活用した生前贈与

⑶生命保険などの「みなし相続財産」　⑷金融資産（預貯金や株券を含む）

⑸建物　⑹動産（クルマやバイクや家電製品に骨とう品など）　⑺土地

以上7項目の亡くなった被相続人が所有していた資産から相続税を納税した後、法定相続人や被相続人が遺言などで指定した受遺者に配分する法的処理です。

「難しいね。素人じゃ絶対無理だわ。まぁ、税理士に任せるしかないね」

確かに、ともに同じ時間を過ごしていたお爺さんやお婆さんそして、父母の死去を予想して対策を練る「相続対策」は、通常、考えの外です。

結果、相続が発生すると、遺族は予想以上の混乱の渦に巻き込まれてしまいます。

しかしながら、一般庶民が「資産相続」をするようになったのは、戦後のことです。

明治維新前、個人に、移動の自由・職業選択の自由はなく、結婚も自由恋愛ではなく親同士の約束で決められていました。個人よりも家の役割を中心に社会は構成されていましたから、資産は「家」についてくるものであり、個人所有物は衣服など身の回りの物品だ

け。資産相続に相当するのは「形見分け」でした。

「じゃ、相続はなかったんだ」

いいえ、資産の相続はありませんでしたが、「家督」の相続は長い時間をかけて実行されていました。家の役割を中心に社会が構成されていましたから、家長の責任を引き継ぐ子息は、その家の役割を担える人物でなければ、「御家廃絶」となってしまいます。家長を引き継ぐ第一権利者は長男でしたが、能力が足りないと判断されれば、次男そして三男。もしも男子が生まれない、もしくは男子の中に家長の役割を担える人物がいないと判断されれば、他家から養子を迎え入れ、家督を相続していたのです。

ひるがえって現代。移動・職業・恋愛はすべて個人の自由であり、社会の構成要素は「家」から「個人」に移動しました。結果、私たちは自己責任の美名の元、弱肉強食のジャングルに放り出されていました。家督相続が途絶えたため、親から子へ、子から孫へと続く人生の知恵が途絶えてしまう。そう危惧するのは私だけでしょうか。

一発相続は、あまりにも唐突であり、資産の奪い合いにつながりやすい。本来であれば、一致団結して次世代を生き抜いてゆくべきです。兄弟姉妹がみにくい「争続」を演じてしまうのは、家訓の引き継ぎを忘れ、資産相続のみに焦点を当てすぎているからではないのか。そう思えてなりません。ロングラン相続に今一度、光を当てるべきだと感じます。

一発相続の時系列タスク

ロングラン相続が望ましいとしても、相続の大半は、一発相続です。あまり考えたくない。そんなことは、祖父母や父母が亡くなってから考えればいい。その時には、弁護士や税理士、あるいはネット検索すればどうにかなる。そう思われる方が大半でしょう。

確かに、詳細はそれで結構です。しかしながら、大きな方向性は定めておかなければ、人生の進路を間違えてしまいます。

南国の砂浜でバカンスを楽しみたいなら、南に行くべき。決して北に向かってはなりません。もしも北を南と勘違いして邁進したなら、進めば進むほど寒くなる。ついには北極点……。吹雪の中で遭難してしまいます。

そこで、一般的な一発相続の時系列と問題点について解説いたします。

(1) 遺言書の確認

遺言。そう遅くない時期、この世を卒業するだろう。通常、そう思われる老齢の資産所有者の方々が、資産の配分を書面に残すツールこそ、遺言です。

ですから、遺言の作成者は、基本的に本人です。弁護士や公証人などにより本人の意思

遺言書の書き方6つのポイント

①全文を自筆で書くこと　　遺言書

遺言者山田一郎は次の通り遺言する。**②記載内容は具体的に正確に**

1. 妻山田あき子に下記の不動産を相続させる。
（1）渋谷区渋谷1丁目1番3号
宅地300.50平方メートル　　**③遺留分を考慮すること**
（2）同所番地　家屋番頭10番　木造2階建居宅

2. 渋谷銀行渋谷支店の定期預金全部を長男太郎に相続させる。

3. 株式会社山田建設の株式全てを長女かず子の相続させる。
④遺言執行者の指定が望ましい

4. この遺言の執行人として東京都港区青山丁目1番1号の弁護士青山一郎を指定する。
⑤日付を必ず明記

平成〇〇年一月三日
東京都渋谷区渋谷1丁目1番3号
遺言者　山田 一郎（山田）　**⑥実印が望ましい**

を代弁して作成する公正証書遺言もありますが、遺言に記された内容の意思表示者は、本人でなければなりません。

実は、令和2年7月10日から遺言に新たな形式が追加されます。

「新たな形式？　なんか怪しいな。大丈夫？」

これも時代の要請に応えた処置です。平成27年1月1日から相続の基礎控除額が一律5000万円から3000万円に、そして法定相続人1人当たり1000万円から600万円に減額され、相続税対象割合が4・2％から8・3％と倍増！　その結果、遺言の存在がにわかにクローズアップされました。通常、遺言は被相続者が自分で作成する自筆遺言がメインなのですが、紛失や破棄（不利な内容と思う不貞の子息が破り捨てる）などの騒動もあり、公的機関の役割が期待されました。これまで、その役割を担っていたのは、全国３００か所の公証役場。しかしながら、公証役場で預かれるのは公正証書遺言のみ。遺言作成には、公証人の審査と費用も嵩むため、敷居が高かった。

そこで、地域になじみの深い、登記簿謄本や公図に地積測量図などの保管や複写の発行を担う法務局が遺言保管の役割の一部を代替することになりました。それが、「法務局における自筆証書遺言に係る遺言書を保管する制度について」です。

資産所有者が亡くなられた際には、彼、彼女の意思を記した「遺言」の有無を、法務局および公証役場に問い合わせ、家の中に遺言が残されていないか、複数の相続人による確認が必要です。被相続人の意思は可能な限り実現させていただければ幸いです。

(2) 相続人の確定

戦前、個人の相続権は法律上、存在していたものの、庶民の間では、家長が家の資産をすべて引き継いでいました。その理由は、そもそも土地は幕府や藩、豪商、豪農の物でしたし、維新後は財閥が巨大な資本を独占していましたから、少ない資産を均等に子息に分け与えると、次世代の生活がなりたちません。

「このタワケものがぁああ!!」

どこかで、耳にされたこのキメ台詞は「田を分ける者 ↓ 後先を考えない愚か者」の意味でして、長く日本の中で根付いていたのです。

一方、現在の相続は「家」ではなく「個人」ですから、長男・次男・長女・次女の区別なく、法律に定められた割合により配分されます。そこで相続を開始するためには、法定相続人を含めた相続人を確定しなければなりません。

「法定相続人以外に、誰かいるの？」

遺言に記された愛人や認知した子どもは受遺者として相続人に含められます。また、子どものいない夫婦の場合、遺言がなければ、亡くなった配偶者の兄弟も法定相続人に指定されます。子息のいらっしゃらないご夫婦は、イザという時のために、互いを唯一の相続人として定めた自筆遺言（公正証書遺言）を法務局や公証役場に預託するべきです。

(3)金融機関1行から上限150万円の払い戻しに制限

相続法の改正により、故人の預金口座からお金を引き出せるようになりました。

「昔は違ったの？」

遺産分割協議書が成立し、財産分与が確定するまで、基本的に1円も引き出せませんでした。ただし、金融機関は見て見ぬフリを数日はしてくれていました。

当たり前ですよね。葬儀費用はかなり掛かりますし、その後の取引を考えれば、杓子定規に構えていると、重要な取引先を失うことにもなりかねません。グレーゾーンだった慣習を法律に定めたのだと思います。今回、法律に、故人の預貯金は金融機関ごとに150万円まで払い戻しが可能と、明確に規定されています。

「多いんだか、少ないんだかわからんな」

確かに、2017年に行われた全国の葬儀費用の平均額は195万円！　葬儀費用は個人の資産規模に左右されますから、この倍や3倍以上かかることも珍しくないでしょう。さらに、葬儀を滞りなく済ませたとしても、遺族の生活があります。

「どうすりゃいいの？」

解決のヒントは〝金融機関ごと〟。つまり1行だけなら150万円ですが、4行に預貯金を分散させれば、600万円となります。規制には対策を講じれば良いのです。

(4) 3か月以内に決定すべき相続方法

相続方法には、相続を拒否する「相続放棄」、資産も負債もすべて相続する「単純相続」、そしてプラスの資産があれば、プラス分だけ相続し、マイナスが多ければ相続しない「限

定承認」の3種類あります。

「相続でしょ。そりゃ、単純相続一択でしょ」

確かに、穏やかな人生を送られた故人の相続であれば、迷う必要はありません。しかしながら、波乱万丈の自営業者だったとしたら、よく考えなければなりません。なぜなら、

●（金融機関や友人に対し）連帯保証人になっている●不渡り手形をつかまされる●割り引いた手形が不渡りになる●会社の不祥事で損害賠償●経営不振で倒産などなど、不測の事態があるからです。

「こぇぇええ、どうすりゃいいの？」

相続方法を選択する期限は相続発生からわずか3か月間です。しかも、相続時精算課税など生前に単純相続を前提とした金融資産の贈与を受けていた相続人が1人でもいると、限定承認は受けられません。また法定相続人すべての同意がなければ、成立しないのです。仮に前記条件をクリアーしたなら、故人が経営する財務担当に受取手形帳や小切手帳を提出していただき、抜け番がないか、妙な点がないか等、確認してください。

(5) 4か月以内に実行すべき準確定申告

納税は国民の義務です。給与所得者は勤務先が本人に成り代わり、源泉徴収で納税して

います。しかしながら、給与所得以外の所得が年間20万円以上ある方は、1年に1度確定申告をして納税金額を確定させ、定められた税金を納税しなければなりません。

「面倒くせぇ〜。って、待てよ……。死んだ人の確定申告は、いつやるの？」

相続開始から4か月以内です。

仮に、1月31日に亡くなられたとしたら、5月31日までに1月1日〜1月31日までの確定申告を前年の確定申告とは別に準確定申告として申告しなければなりません。

⑹遺産分割協議の開始

遺言で何を書いていたとしても、法定相続人全員の署名捺印がなければ、遺産分割協議書は作成されません。そして、その遺産分割協議書を10か月以内に作成しなければ、基礎控除や配偶者控除など相続税を劇的に引き下げる救済措置を受けることができないのです。

「法定相続人全員って、1人残らず？　多数決じゃダメなの？」

全員です。ですから、行方不明などの兄弟、仲が異常に悪い兄弟がいると、基礎控除などが受けられず、相続税がバカ高くなる可能性があります。遺言は遺言として尊重するものの、法定相続人全員が納得する遺産分割協議書の作成が本当のゴールだとお考えください。

(7) 遺留分減殺請求

遺言に「愛人にすべて相続する」なんて、いい年こいて色ボケたジジイが書いていたとしたら、遺族はたまったものではありません。そんなことも相続法は想定しており、法定相続人の相続分は2分の1まで遺留分として保証されています。色ボケたジジイの遺言は可能な限り尊重しても、物には限度があります。何かの間違い、もしくは一時の気の迷いでしょうから、遺族は自らの生活を守るためにも、遺留分減殺（げんさい）請求を断行するべきだと考えます。

(8) 納税

資産相続は、納税をなすことで終了します。納税をしないまま時間が経過すると、相続開始から10か月経過して以降、2か月目まで2・8％、それ以降は年利9・1％の延滞税がかかります。相続税の納税を延ばして喜ぶのは、税務署くらいなものです。納税は早期に行うのが吉！　と言えるでしょう。

また、不動産を物納すればいいと、軽く考えている方がいらっしゃいますが、納税の基本は現金であり、不動産の課税価格は市場価格よりも安いので、意味がありません。

事業相続における相続時精算課税の功罪

お金持ちのイメージは、さほど良いものではありません。

(きっと悪いことをして儲けたんだ。楽をして庶民から搾取しているんだ、などなど)

しかしながら、銀行強盗や詐欺などでいくらあぶく銭を、濡れ手で粟の儲け方をしても続くはずはありません。初代のお金持ちは、とてつもないバイタリティ、際立ったアイデア、そして浪費をしない克己心があったからこそ、巨万の富を築き上げられました。

そして遺族の方が資産を継承し、維持しているのだとしたら、彼らにも人並外れた自己コントロール能力があったからこそ、資産を維持できています。

青年期に活躍し、50代を走り抜き、60代、70代と歳を重ねるに従い、資産所有者の意識は、自らのことよりも家族のこと、社員のこと、そして友人のことに重きを置くように変化します。

「なんで？　もっと儲けようとする奴らばかりでしょ。あいつら強欲の権化だもの」

確かにカルロス・ゴーン被告のように、欲と虚栄心が服を着ているような人物もいらっしゃいます。しかし資産所有者の多くは現状の分析力、先を見通す能力、それに人の感情変化に敏感な人が多いと感じます。だからこそヒット商品を飛ばし、会社の業績を伸ばし

たり、売り上げを向上させる努力を継続することができました。そうした彼らが60歳を過ぎ、70歳の声を聞くようになると、想いをめぐらせるのは、自分の死後のこと。霊界などではありません。自分がいなくなった後の、家族を含めた近しい人々の行く末です。

「金あげれば、いいじゃない。金があればさ、豊かな生活ができるでしょうよ」

税制は、資産の自由な移動を禁じています。なぜなら資産移動に制限がなければ、資産家は、子息に巨万の富を移動させ、相続税ゼロにすることも可能だからです。

「でもさ、税金のかからない贈与があるでしょ」

年間110万円を上限とした暦年課税贈与枠内であれば、贈与税を支払う必要はありません。裏を返すと、110万円を超えた贈与には、贈与税がかかります。具体的に申しますと、贈与金額から110万円を差し引いた金額が200万円以下の場合10%、300万円以下で15%、400万円以下で20%、600万円以下で30%、1000万円以下で40%、1500万円以下で45%、3000万円以下で50%、そして上限は3000万円超でなんと55%の累進課税です。無論、それぞれ控除額があります。例えば、4000万円の贈与の場合、贈与税の納税額は1800万円です。

計算式：4000万円×55%－400万円（控除額＊3000万円以下の税率との差額）

「4000万円贈与したら、1800万円の贈与税を支払わないといけないのか。そりゃ考えちゃうな」ですよね。資産家はコストパフォーマンスの優れた方ばかりですから、意味不明な支出をするはずはありません。結果として、金融資産の60％以上を貯め込んでいる老齢世代の消費は落ち込み、日本の不景気は続いています。

「自分たちで使えばいいじゃない。金があるんだったら、なんでもできるでしょ」

そう思えるのは、皆さんがお若い証拠です。お金を使うには、時間と体力が必要です。歳を重ねると、若い頃のようにたくさん食べられないし飲めない。高級な服を着ても行く場所がない。スポーツカーを乗り回しても事故が怖い。詰まるところ、ダイヤモンド・プリンセスなどの豪華客船に乗船し、新型コロナウィルスに罹患してしまうのがオチです。

「なんか、ないの？」

そんな現状を打破しようと、国は「相続時精算課税制度」を設けました。

この制度は、贈与者は60歳以上の父母もしくは祖父母であり、受贈者は20歳以上の子どもや孫……。つまり成年を超えた血族間の贈与税特例制度です。贈与税がゼロの上限金額は２５００万円で、それを超える贈与金額は一律20％です。

「いいじゃん。贈与税率55％なんてフザケタ割合じゃないし、お得でしょ」

そう思いたいのはヤマヤマですが、次の表のような多くのデメリットもあります。

暦年課税贈与に戻せない

一度、相続時精算課税を選択すると、これまで110万円以内は無税だった暦年課税贈与に戻せません。その後、2500万円以上の贈与は、すべて一律20％の贈与税を支払い続ける必要があります。

2500万円以内の贈与税ゼロは確定数値ではない

相続時課税制度の名称にも記載されているように、この制度は、相続の前倒しであり、相続時には贈与された金額を受け取ったものとして、改めて相続税を計算し、納税する義務があります。

仮に、相続時課税制度で受け取った金銭を使い果たし、スカンピンになっていたとしても相続税を支払う義務を背負わされてしまいます。

相続方法は単純相続のみ、相続放棄や限定承認を選択できない

企業経営者や投資家のご子息にとっては、このデメリットが最大と言えるでしょう。

なぜなら、巨額の資産を築き上げた資産家は、ある種ギャンブラーです。一般人がやらないような危険なチャレンジを好む性癖があります。もしも勘が狂うと、巨額の負債を背負うことも。その際、相続時課税制度を選択された子息は逃げられません。

9 不動産相続の注意点

相続で不動産を相続する際、持ち分相続は選択するべきではありません。

持ち分相続とは、ある不動産の所有権、例えばご実家だったとしたら、土地と家の所有権を法定相続割合通りに分けることです。父親が亡くなった第一次相続では母親が、ご実家を相続。その後、母親が亡くなった第二次相続で、子どもが2人の場合は2分の1ずつ。子どもが3人の場合は3分の1ずつに所有権を持分として相続することです。

「えっ⁉ それの何が問題なの。当たり前でしょ。誰もがやってるでしょ」

だから、ご注意願いたい。なぜなら、不動産の所有権は、

○使用権（自己使用もしくは貸家として貸す権利）

○担保権（所有不動産を金融機関に担保提供して融資を受ける権利）

○処分権（不動産を売却したり、建物を解体したり、土地を分筆・合筆する処分権）

以上3つの権利を同時に行うことが可能ですが、100％所有者の意思統一が必要だからです。持分者の1人でも反対すると、貸すことも売ることも不可能な不動産になりかねません。持ち分者の1人に相続が発生すると、さらに持分は細分化し、解決不可能な不動産になってしまいます。持分相続は問題を先送りにするだけなのです。

相続した不動産をもっとも高く売却する手順

相続財産の中で、不動産以外に目ぼしい財産がなく、相続人が複数いる場合、相続した不動産を売却するしかないという状況も数多くあります。

もちろん相続人の1人が他の相続人に対し、持ち分に応じた金銭を支払い、所有権100%にするほうがいいのですが、そうとばかりは言えないのはよく理解できます。

では、どうすれば、相続した不動産を最高値で売却できるのでしょうか？

「不動産業者に査定してもらって、売却すればいいでしょ。中の荷物の処分も一緒に頼めば、世話ないし。大手だったら看板にキズもつくから騙すことはないだろうし」

なるほど……典型的な安値売却の手順です。

「な、なんだと？　どこが間違っているって言うんだ！　言ってみろ」

それでは、順を追ってご説明させていただきます。

まず、ご認識いただきたいのは、不動産がもっとも高値で売却されるのは、

○土地と建物の所有者が同一

○道路付けが良く、再建築可能

○雨漏りなど要補修箇所がない

○内部が汚れていない
○設備に不具合がなく、すぐに住める
以上5つの条件を満たしている状態です。こうした条件に近づける努力が必須です。

○売却手順1　～転売価格の想定～

まずは、リフォームをした状態を想定し、ご実家がいくらで転売できるのか、複数の不動産サイトで確認願います。最寄りの駅からの徒歩距離・築年数・間取り・駐車場などで絞り込み、類似の売却不動産と比較すれば、おおよその価格はイメージできます。

○売却手順2　～持分所有者との合意形成～（所有者1人の場合は必要ありません）

次に、持ち分相続者と話し合いし、売却には多少のお金がかかることと、支払い方法を確認してください。

○売却手順3　～動産の処分とクリーニング～

確認後、故人の荷物を形見分けした後の動産は、廃棄処分してください。その後は軽くクリーニングをかけてください。

○売却手順4　～要補修箇所の修繕～

雨漏りや蛇口の水漏れ、壁の穴など、絶対に修理が必要な箇所は修繕願います。

○売却手順5　～複数の不動産会社に見積もり要請～

想定転売価格を確認した上で複数の不動産会社に対し、売却価格の査定を依頼してください。信頼できそうだからとか、大手だからとか、思い込みだけで単一の不動産会社に依頼すると、相場からかけ離れた安い価格で売り抜ける危険性を排除できません。複数の会社に依頼していると、最初から告知しておけば、そうしたリスクを軽減できます。

○売却手順6　～もっとも高い査定価格の見積もりで、複数の不動産会社に売却依頼～

見積もり書の中で一番高い価格で売却依頼してください。その際、見積書を出した一社に限定するのではなく、一般仲介で複数の不動産会社にお願いすることが重要です。なぜなら競争があるからこそ、市場原理が働き、理想の価格で売却できるからです。

○売却手順7　～賃貸物件として店子を入れ、収益不動産として売却することも検討～

中古マイホームとして売り出すほうが高値なのか、それとも家賃の見込める賃貸戸建として売り出すほうが高値で売却できるのか、確認願います。

もしも、同じ価格であるならば、賃貸住宅に仕上げるべきです。なぜなら売れなくても家賃が見込めますから、売却を急ぐ必要がないからです。無論、持ち分相続者がいる場合は、合意形成に力を入れてください。

第8章

㊙相続対策㊙の裏ワザ

1

一発相続の悲劇

☆資産所有者の苦悩☆

バカラのグラスが重い。

神谷守氏は、カッティンググラスの中のスフィア・アイスを見つめる。

（あいつら、どうすんだ。金が天から降ってくると勘違いしやがって。ったく）

数分前までは、愉しかった。

市川市の一棟物マンションは久々に満室！　これで、典子ママへのお手当で文句を聞かされずにすむ。経営も順調そのもの。鍛えてきた幹部連中は、どうにかこうにか自力をつけ、トンチンカンな判断を下すこともなくなった。特にここ最近、収益を上げているのは、中国や東南アジア、それに中東向けの中古部品販売だ。有料で引き取ったクルマを徹底的にばらし、パッケージ化して販売する部品事業が急速に黒字化している。

なのに、なんだ！　我が子ながら恥ずかしくなる。口を開けば、金の無心だ。孫の名前を出せば、いくらでも金が出てくると思っていやがる。ったく、親の顔を見てみたい。

ははは、親ってオレか……。どこで、どう育て方を間違ったのか。情けない……。

「どうしたの？　深刻ぶっちゃってぇ。満室になったんでしょ」

「あぁ、そうだった。安永君、ご苦労様」

「いえいえ、会長のご努力の賜物です。典子ママもこれで安心ですね」

「現状に満足するな！　前へ、前へ、進めぇぇえ！　でしょ、会長」

「はは、待て。まだまだ毟(むし)り取る気か」

　バカ話のできる、この銀座で過ごす時間が愛おしい。そして、誇らしい…。甲斐甲斐しく酒を注ぐ、二回り下の典子の結い上げられたうなじを見ながらそう思う。

「それにしても、安永君。よく、満室にしたな。それも家賃を平均10％上げて満室。いったいどうやったんだ？」

　ＡＢＣ不動産の安永に会ったのも、ここスナック織姫だった。確か1年ほど前だったろうか。その後、ちょくちょく顔を合わせ、席を一緒にするようになった。

「いえいえ、会長にご決断していただけたからです」

「オレが何をした？」

「ネットフリーの設備導入ですよ。賃貸入居者はテレビよりもスマホやパソコンで過ごすことが多くなっている、その点をご理解いただけたからこその満室。流石です」

　この安永、なかなかの人物だ。自分の手柄をオレの判断にすり替えてくる。この人心掌握術の一かけらでも、奴らにあれば……。おそらく典子にもアプローチしているのだろう。

彼女からも、安永の活躍を聞かされ、空室率の高かった市川の自宅横の一棟マンションをABC不動産にサブリースした。オレに支払われるのは満室家賃の70％だが惜しくない。当時の入居率は、それよりも悪かった。典子も典子でチャッカリしている。粗利益30％の3分の1を彼女の取り分にしている。まぁ、いい。借り入れも終わっているし、関係者が笑っていれば、それでいい。今日は飲もう!!

「ねぇ、大丈夫？」

タクシーに押し込みながら、典子はワザとらしく、聞いてくる。ここ最近、弱くなった。安永と典子が寄り添う姿をバックミラー超しに見ながら、そう思う。

首都高から向島線に抜け、小松川線を走る。あと、20分もすれば自宅に着くが、気が重い。運転手に「錦糸町に」と告げ、視線を外に……。と、左胸に携帯電話の振動を感じる。また、ガキの誰かだろうか？　画面には、安永から紹介されたバス旅行会社の社長。彼からは毎月50万円が振り込まれる。市川の一棟マンションを担保提供した謝礼として受け取っている。それに、本業でも付き合いがある。持ちつ持たれつと、考えてのことだった。

「もし、も～し、神谷です。えっ、倒産！　ウソだろ。コロナで団体客がキャンセル？」

神谷氏は、その瞬間、胸に急激な痛みを覚え、そのまま帰らぬ人となった。

☆相続者の争い☆

「安永部長、神谷さんのご遺族から6番です」

「いないって言ってくれ」

安永は、司法書士と打ち合わせている。

「それでは、市川市にある神谷さんの一棟マンションに3億の仮根抵当権、そして隣接する自宅に1億の仮根抵当権を設定すればいいんですね」

「そうだ。あの爺さん、コロッと逝(い)っちまったからな。これから喰おうと入り込んでいたのによ。まぁいい。千葉興銀が差し押さえる前に、嫌みの手を打つに越したことはない。先生（仮）だと1000円の登記印紙でいいよな。手数料は印紙代込で2万。いや、奮発して3万でどうだ？」

安永は神谷の葬式にも参加せず、善後策を練り、対応策を次々と実行に移していく。

それから数週間後、安永は何度も電話を掛けてくる法定相続人4人のうちの1人神谷康之と会う。

「なるほど、古参の幹部連中が神谷車両販売を食い物にしているわけか。わかりました。康之さん、私があなたの味方になります。大船に乗ったつもりで、お任せください」

安永にとって、情弱な人間を籠絡(ろうらく)するのは、お手の物だった。

☆問題発覚☆

神谷が急逝して3か月が過ぎ、安永が取りこんだ遺族の1人神谷康之は、

「自分こそ、神谷車両販売の跡継ぎとして相応しい。認めない幹部は辞任するべきだ」

根拠のない妄想に取りつかれ、同社内部をかき回していた。

「安永部長、2番に神谷康之様です」

「で、どうでした？　やはり、そうですか。財務部長は、99％取り込み詐欺をやっていますよ。バス会社への連帯保証は、会長ではなく、財務部長の独断ではないでしょうか？　このままでは、ウチが会長に用立てた4億のお金もパァになってしまいます。そんなお金は神谷車両販売には微々たるお金でしょうが、こちらは生き死にが係っていますからね。いえいえ、ご心配には及びません。まずは康之さんが、ご実権を握ってからで結構です。長いお付き合いを、よろしくお願い申し上げます」

これほど、上手く絵図がハマるとは思っていなかった。おそらく頭に来た財務部長は辞める。そうなれば、過去の財務や経理を熟知した人物は皆無となり、嫌みで仮登記した4億の仮根抵当権の正当性もうやむや。根拠など1ミリもない債権が実物となる。ひょうたんから駒とはこのことだと思うと、安永は笑いをこらえきれない。

☆破滅☆

夏が過ぎ、冬が来る頃、市川市の一棟マンションと自宅は競売不動産に掛けられた。

「部長、期間入札の資料、千葉本庁で複写してきました」

「ご苦労さん」

ご機嫌な安永を目にした部下の川北真理子はおずおずと口を開く。

「部長、1つ質問してもよろしいでしょうか？」

「おう、なんでも聞きな。まぁ、なんだ？　オン・ザ・ジョブトレーニングだな」

川北の質問は、なぜ融資ゼロのABC不動産が競売の物件明細書に記載され、差押えに参加ができたのかという点であった。彼女自身、どう考えても理解できなかった。

「ああ、それはな。神谷の爺さんからサブリース契約した時によ、ネットフリーの提案しただろ。その時に、通信会社の契約や電気工事の手配なんかをウチで代理をやることになるから、印鑑証明書と白紙委任状を2組用意してくれって言ったわけよ」

「それって、必要ありませんよね」

「ははは、銀座のママにほれ込んだ、あの野郎、何とち狂ったか、こっちが言うがままだ。それに、会社の財務担当は辞任しちゃったから、否定する野郎もいなくなって、書類だけで審査されたわけだ」

川北は顔を紅潮させ、あらん限りの賛辞を送ると、その先の展開をオネダリした。

「まぁ、これを見ろ。売却基準価額は、市場価格の30％もいっていない。渋チンの千葉興業銀行はよ、担保価値の30％しか貸し込んでねぇから、落札価格が倍の60％の場合、同額のお金がウチに配当される。元手ゼロから濡れ手に粟のぼろ儲けだわ。マンションのサブリースは抵当権設定前に契約しているからよ、第三者が買い取っても、ウチの権利はそのままだから放置！　野郎の自宅は入札してリフォームして転売だな。それで自宅と1棟マンションの物件明細書をお願いしたわけよ」


神谷康之は、ガランとした市川の自宅玄関に1人たたずんでいる。自宅横マンションは2週間前に立ち退き、実家に逃げ込んだのに、ここも期間入札の競売で落札された。

（いったい、どこで間違ったのだろう？）

オヤジ亡き後、あらん限りの手を尽くしたのに、神谷車両販売は銀行管理。創業家の株は放棄を強制され、居場所がなくなった。そして、マンションも自宅も他人の手に。

「さ、始めてください」

玄関のドアスコープからのぞく康之に、競売不動産強制執行の陣頭指揮を執る満面の笑みの安永！　康之は頭を抱え、蹲るしかなかった。

ロングラン相続に着手しなかった神谷氏の後悔

後悔1　～家庭外のロマンスにうつつを抜かし過ぎた～

事業経営の最終判断は自分自身が下さないとならず、孤独なものだ。その苦労を周囲が理解できるはずもないし、期待もしていなかった。仕事、仕事で家庭をおざなりにしてしまった。ネオン街に足しげく通うようになり、ホステスは時間で雇われた女優であることを忘れて、のめり込み過ぎてしまった。バカだった……。

後悔2　～よく知りもしない不動産業者にサブリースを頼んでしまった～

本業が忙しくて、織姫の典子ママからの後押しもあって、会社の背景を調査しないで、マンション一棟をサブリースしてしまった。本来であれば、複数の不動産会社から管理業務条件を見積もりすれば良かった。

後悔3　～連帯保証人になるんじゃなかった～

担保提供したお礼に毎月50万円なんて、スケベ心を出すんじゃなかった。経営は順調でテレビCMを流しているバス旅行会社だと、安心していた。返済を全部終わらせていた一棟マンションだったから、何かあっても家賃で返済できると高をくっていた。突然死しなけりゃ、対処できたのに無念だ。

後悔4　～印鑑証明書と委任状を預けるんじゃなかった～

なんで、印鑑証明書と委任状を渡してしまったのか、今でもわからん。代理として電力会社や通信会社とやり取りするから、それが普通だと言われ素直に従ってしまった。今なら印鑑証明書に使用日の期限と目的を記載するし、白紙の委任状なんて出さない。

後悔5　～遺言を作っておくべきだった～

人間、いつ死ぬのか誰にもわからない。今日だって、明日だって死ぬこともあるのに……。こんなことなら遺言のひとつでも書いておくべきだった。

後悔6　～後進育成に励むべきだった～

会社でも家庭でも自分がトップだと思い過ぎていた。こんなことなら、権限を少しずつでも委譲して引き継いでおくべきだった。表も裏も知り尽くした財務担当が辞めてしまって、健全な会社が銀行管理になるなんて、死んでも死にきれない。

後悔7　～子どもとよく話すべきだった。偉そうにし過ぎて近寄ってもらえなかった～

今、考えると、子どもたちを遠ざけた原因は、オレ自身じゃなかったかと思うよ。あれやれ、これやれ、じゃなくて、子どもたちが直面している問題に、あいつらの目線で話せてやれなかった。失敗談も含めてオレの子どもの頃の話も、してやりたかった。誰でも迷うことはあるし、失敗もある。そこから立ち直る強さ、大切さを伝えてやりたかった。

「時を戻そう」

人は誰しも、時には、失敗し、挫折し、天を仰ぐ日もあります。ただし、結果を受けとめ、そこを出発点として立ち上がれば、失敗は糧となり成功への礎となります。

神谷氏は、何を修正すれば、悲惨な人生の終わりを迎えなかったのでしょうか？

「そりゃ、ABC不動産の安永を信じなければ良かったんだ。あいつがすべての元凶だよ」

もしも、安永氏の言葉を信じない、もしくは出会っていなかったとしても、遅かれ早かれ、似たような不動産会社の餌食になっていたのではないでしょうか。

『勝ちに不思議の勝ちあり、負けに不思議の負けなし』

この言葉は、令和2年に亡くなられた名将野村克也監督が、常々口にされていたフレーズです。神谷氏も後悔の最後には、負けた本当の原因に言及されていました。

「何を？」〝後進の育成〟と〝ご子息との関係〟です。この世に生きとし生ける者は、能力の差なく姿を消します。影響力の大きな人物であればあるほど、自分のいない世界に想いを馳せる必要があります。なぜなら、その世界では、皆さんを頼っていた後進や遺族に何もできないからです。皆さんは、神谷氏のように時を戻す必要はありません。今から取り組めば、それでいい。生きている間に着手すれば、人生のバトンパスは成功します。

遺言の効力を信じすぎてはならない

資産所有者の多くは、遺言の効力を信じすぎていらっしゃいます。

「なんで？　遺言があれば、自分の意思で資産を分けられるでしょうよ。大事にしてくれた奴には、たくさん上げたいし、やりたくない奴には、理由も書いてやらないって言えばいいでしょ。知ってる奴なんか、成績表みたいに毎年、書き換えてるよ」

確かに、遺言には自筆遺言、公正証書遺言、そして令和2年7月10日からは法務局に自筆遺言書を保管できるようになりました。相続税の基礎控除を切り下げ、相続税対象者が4・2％から8・3％へと倍増した補完措置とも言われています。

遺言は法定相続人以外の遺贈者には劇的な効力がありますが、法定相続人に対しては、限定的であることをご認識いただきたい。

「どういうこと？」

愛人や恩人など、法定相続人以外の遺贈者に遺産の一部を遺贈すると、遺言に書き記した場合、法定相続分を侵害しない相続総額2分の1の範囲内であれば、故人の遺志は確実に実行されます。

ところが、法定相続人の配分に差をつけるとどうなるでしょうか？

「そりゃ、多くもらった奴は喜ぶけど、少ない奴はへそを曲げるでしょ」

その通りです。相続税を支払う必要などない、少ない資産しかない場合であれば、遺族が揉めたとしても、何も問題はありません。

しかしながら、巨額の相続税を支払う遺族が揉めると、大変な事態に突入します。なぜなら、故人が亡くなって10か月以内に法定相続人全員の署名捺印のみで成立する遺産分割協議書を作成し、提出しなければ、相続課税を劇的に引き下げる基礎控除や小規模宅地の控除などを利用できなくなるからです。

つまり、法定相続分以下の資産相続を記載された相続人は、遺産分割協議書作成の拒否権を握っていると、言い換えることもできるわけです。

「どうすりゃいいの？」

ご先祖が連綿と積み重ねてきた相続の原点「家督相続」、今風に言えば、ロングラン相続を選択すれば、相続を「争続」に貶めることはなくなることでしょう。

「じゃ、家長制度を復活させるってこと？」

相続の主体が「家」から「個人」に変わった現代では、それは不可能。ただ、ご子息1人1人、個人に対し長い時間をかけて、人生を送る秘訣を授けることは可能です。遺言のみに頼るのではなく、ご子息との信頼を構築することこそ、解決策であると存じます。

㊙相続裏ワザ　その1㊙

～信用供与による子息（将来の相続人）の資産形成～

☆ロングラン相続と一発相続の基本的違い☆

資産を継承する被相続人が長い時間をかけて引き継ぐ〝ロングラン相続〟では確実に利用できるにもかかわらず、相続人に突然訪れる〝一発相続〟では、利用できないアクションは、何だと思われますか？

「そりゃ、贈与だろ。死んじゃったら贈与できねぇもんな。でもさ、贈与って、結構税金取られるんじゃなかったけ。それに、相続時精算課税なんかやったら、経営者が破綻しちゃったらさ、相続放棄できなくて、払いきれない借金も背負い込んじゃうんだろ。やっぱり、大人しくしておいたほうが身の為だよ」

確かに、贈与は暦年贈与課税制度により、年間110万円までは税金はかかりませんが、その額を超えると10％。その後は5％刻みに上昇し、3000万円以上になると55％の超累進課税がのしかかります。

また、暦年贈与課税制度を一度に受け取る2500万円まで無税、超過分は一律20％の相続時精算課税制度は、相続の前倒しですから、故人が会社の倒産や連帯保証人、そして損害賠償などで巨額の負債を抱えてしまったとしても「相続放棄」を選択できず、「単純相続」に押し込まれ、自動的に巨額債務の継承者になってしまいます。

「ほらっ、だろ？　だから、何もしないほうが結局いいんだよ。生兵法はケガの元って、昔から言うじゃない。ヘタなことはしないほうがいいんだよ」

ロングラン相続で積極的に活用すべきアクションは、「贈与」ではなく**「信用」**です。

「信用？　どういうこと？」当たり前のことを申しますが、金融機関が融資できるのは生きている人であって、亡くなられた方ではありません。

「そりゃ、そうだろ。返済しなくって、てめぇ、借金返せ！　返さなかったら、あの世に送ってやるぞぉお！　って言っても、死んでるもんな……。じゃ、銀行から資産家がお金を借りて、ガキどもにお金を渡すってことかい？　そりゃ、贈与でしょ？」

深くご理解されていますね。流石です。

おっしゃる通り、金融機関から融資を受けたお金を分配すると、お金の出所は問いませんから、税務署から見れば、親から子どもへの贈与です。変形となりますが、親が子どもにお金を貸しても、贈与とみなされます。たとえ毎月、元本を返済したとしてもです。

「贈与でも銀行からお金を借りるわけでもない。だとしたら、なんだ？」

ご子息が借り受け人となり、金融機関に「信用」のある父母や祖父母が連帯保証人になる。このアクションこそ、㊙相続裏ワザ　その1㊙です。金融機関は生きている方だからこそ、信用し連帯保証を認めます。そして、ご高齢の方で余命が残り少ないとしたら、本人の属性だけでは不十分ですから、連帯保証人が所有する不動産を担保提供すれば、金融機関も納得します。

「それって、相続時精算課税みたいに、相続の前倒しになって、相続放棄の選択肢がなくなるなんてリスクはないの？」

ございません。なぜなら「連帯保証する」、もしくは「担保提供する」行為は一般の経済行為であり、相続とは1ミリも関係していないからです。連帯保証や担保提供は、相続の前倒しではありませんので、まさかの際に相続放棄の選択肢を失うことはありません。

「じゃ返済できなくて、親が借りた子どもの代わりに代理で返済しても関係ないの？」

親が代理返済すると、法律的には金融機関の債権が銀行から親に移動します。結果として親が子どもに金融機関に支払ったお金を返せと言うこともできます。しかし、その時点で子どもに返済能力がないなら、借金を棒引きにし、親は特別損失で損金計上することも可能です。その際も一連のアクションは一般経済行為ですから、相続オプションに影響を与えません。

以上のように、信用供与は、相続の縛(しば)りを打ち破る一般経済行為なのです。

☆信用供与が成立する関係☆

信用供与とは、信用供与する側が損をし、信用供与されるサイドは文句なく得をする経済行為です。見も知らぬ第三者の連帯保証人になることなんてありません。

神谷氏がバス会社の社長の連帯保証人になったのは、スナック織姫のママからの後押しもありましたが、お得意先の1人であり、テレビCMを流す信用性があり、連帯保証人になった謝礼として毎月50万円の報酬を約束されたからでした。

では親子間、もしくは祖父母と孫の間で、信用供与が当たり前に成立するかというと、困難であることは、皆さんもご存知の通りです。

親にも祖父母にも、それぞれの生活があるので、子どもや孫の連帯保証人になると自分たちの生活が脅かされるならば、「申し訳ないけど、無理よ」と言うことになります。

また親や祖父母の生活基盤は盤石で、ちょっとやそっとの逆風にビクともしないとしても、子どもや孫に無条件で連帯保証人になるかと言えば、「なんで、あんなクズの連帯保証人にならないとならないんだ。あいつに金を恵んでやるくらいなら、ユニセフに募金したほうがマシだ」と怒り心頭、我を忘れ罵詈雑言に終始することもございます。

「まぁ、そうだろうね。結局、誰も利用なんてできないなら絵に描いた餅じゃん」

資産を築き上げた方々、特に自分がもうすぐ、この世を卒業すると認識されている方々の悩みは深く深刻です。

「なんで？　死ねばおしまいでしょ。気にすることなんてないよ。ガキどもはガキどもで宜しくやってゆくよ」

残念なことに、資産家の多くは、資産を築き上げる過程において、家庭を省みる方は少ないのが実情です。企業を設立し、新たなサービスを構築し、金融機関に援助を求め、社員の能力を高め、ライバル会社と競い、業績を伸ばしていく。

とにかく刺激的で、チャレンジ精神を満足させ、愉しさにあふれていました。

結果として家庭を省みることなく仕事に没頭し、子どもとの関係は希薄なまま。ワザワザ子どもたちとの対話の時間を確保しても、子どもの心の裏は面従腹背……。場合によっては、恨んでいたりする。

資産家は、一般の方よりも他人の感情を読み取ることに優れていますから、自分の子どもの心の奥底も、敏感に感じてしまいます。

（なんで、こうなったんだ？　塾にも通わせたし、小学校から私立にも入れた。小遣いも半端ない金額を渡したし、いったい何が不満なんだ。まぁ、人は人だな。素質が悪かったんだろ。こんな奴に継がせたら、オレの会社はロクなことにならん）

企業経営者は特にそうですが、ダメと烙印を押した社員や取引先を問答無用に切り捨ててきた歴史があります。だからでしょうか、自分の子ども。家訓や家督を引き継ぐべきご子息に対しても、同様の決断をしがちです。

こんな親子関係において、信用供与の活用なんてできるはずがありません。

私から申せば、根本から間違っていらっしゃいます。

「どこが？　世の中にはさ、喰うや喰わず、学校の給食が唯一の栄養源って子どもたちもいるんだよ。それが、親を逆恨みするんなら、縁を切る判断も仕方ないでしょ」

子どもは、お金の多寡で親を判断なんてしません。

子どもは、自分のために親がどれだけ「時間」をつかってくれたか……。この一点で判断するものです。昔から言うじゃないですか、「生みの親より、育ての親」と。

そして、不幸なことに、

資産家のご子息は、**「資産トラップ」の罠**にどっぷりと捕まっています。

「資産とらっぷ？　聞いたことないな」

私の造語ですから、ご存知ないのは当たり前です。

資産トラップとは、（オヤジの会社を継いだら、何もしなくてもいいな。ヘタに会社員になっても毎月20万円しかもらえない。小遣いより少ないじゃない。最近、オヤジが煩く言ってくるな。あいつ、早く死なないかな……。そしたら、自由にできるのに）

目もくらむ資産を目の当たりにすると、自ら努力する未来を奪ってしまいます。結果として、バカ息子やドラ娘を誕生させてしまうのです。資産家の親子関係の多くは、対立しているか、ヨイショの腕に磨きをかけた太鼓持ちの息子や娘に我を忘れた親……。

そして、両者は、己の人生の終焉を迎え、どうしようもない憤りに包まれています。〝終わり良ければ、すべて良し〟と、言うじゃないですか。仕方ないと諦めるよりも、正常な相続に戻してはどうでしょう？

「何から始めりゃいいの？」

何はともあれ、和解が必要です。

親はご子息に対し、幼い頃一緒にいてやれなかった事を心から詫びる必要があります。そこがご子息の一番の傷ですから、無視してはなりません。そして、どんな経緯で資産を築き上げたのか、成功よりも失敗を多く語り聞かせていただきたい。

心が開いたなら、何を伝えたいのか、どんな人生を送ってもらいたいのか、自分自身が近い将来にこの世からいなくなる前提で、真摯に語っていただきたい。これが、ご子息にとっては継ぐべき「家訓」となり、親から子への家督相続につながることでしょう。

☆信用供与で獲得したお金で何をすべきか☆

親からの信用共用により得たお金で、何を買えば良いのか。

はっきり申し上げて、買うというよりもお金を稼ぐことを経験させることです。これまで資産家のご子息はもらってばかりでした。何の苦労もなく、お金が降り注いでくるのですから、ご子息にとっては自然現象と同じ……。

お金に畏敬の念を抱けと言うほうが無理無体な要求です。

もし、親からの信用供与でレクサスやフェラーリなど高級車を購入したとしたら、儲けるどころか、浪費に拍車がかかります。

「儲ける？　って、株とかＦＸかな」

株式投資や為替取引は、はっきり申し上げてギャンブルです。元本は確定せず、巨額損失することもあるのですから、投資先として相応しくありません。私がご提示できるのは、含み益のある中古戸建や中古アパートです。通常の不動産投資ではなく、競売不動産や任意売却で市場価格よりも30％以上安い価格で物件を購入し、リフォームを実行して店子を入れ、家賃から返済をする投資術です。ご子息にとっては初めての経験でしょうが、資産を築き上げた方々なら、すぐにコツをつかむはず。物件を運営する過程で親子間の会話は、スムーズにやり取りするようになることでしょう。

6

㊙相続裏ワザ　その2㊙　～抵当権付不動産の譲渡～

この手法は、前項の信用供与を与える親子関係、祖父母孫関係が成立した後の㊙相続裏ワザ　その2㊙です。

「信用供与と、どこが違うの？」

この相続の裏ワザ　その2は、親の所有不動産、アパート・一棟物マンション・テナントビル・マンション一室・戸建などなど、何でもいいのですが、家賃収益の見込める物件であり、なおかつ、抵当権が残っている不動産を活用する際のアクションです。

一般的に、抵当権が抹消されていない不動産を売却する際、購入者は契約金額を満額支払い、売却主は金融機関に残存債務と同額の金額と引き換えに抵当権抹消書類を金融機関から入手し、購入者に手渡します。

結果として、購入者は登記簿謄本乙区に抵当権などが設定されていない真っさらの不動産を手に入れ、融資を受ける場合には、融資を実行する金融機関が新たに抵当権を設定します。

では、抵当権が設定された不動産を売却、もしくは贈与できるかと言えば、それは可能です。なぜなら所有権の移動は、所有権者単独で決済可能だからです。

仮に、親が抵当権付不動産を子どもに贈与するとどうなるでしょうか。その不動産の市場価値と同額の抵当権が設定されていたとしたら……。

「そりゃ、債務もあるんだから贈与税はゼロでしょ」

ところが、税務署は市場価格と同額の贈与が行われたとして、贈与税を課します。なぜなら、抵当権が設定されていたとしても、返済が行われている間は、一括返済を求められておらず、債務は確定していないからです。

「じゃ、抵当権が設定されている不動産を親から子どもへ引き継ぐことは無理でしょ」

そこで、相続裏ワザ　その2の**活用の余地**が生まれます。

金融機関に抵当権の債務名義を親から子どもへの移動を承認させ、所有権も移動させます。金融機関は資産家の親だからこそ融資したのであり、信用の不足する子どもであったなら、貸さないと文句を言いたてるかもしれません。

その場合は、子ども単独で不足する信用に応じ、親の所有する他の不動産を担保提供するなどして補う提案をすれば、滞りなく決済はできるでしょう。

相続裏ワザ　その2のベースは、親と子どもの間の意思疎通とお互いの信用があってこそ成立します。そして、その背景は、相続裏ワザ　その1と同一です。

㊙相続裏ワザ　その3㊙　～不動産の持分譲渡～

相続の裏ワザ　その3も、資産所有者とご子息の強い信頼関係がベースとなります。

本アクションの根幹は、不動産の価値を意識的に減少させる経済行為です。

「不動産の価値を安くするって、建物を壊したりするのかい？」

見た目は、何も変わりません。

では、なぜ不動産の価値が低くなるのかと言えば、不動産の価値がもっとも高い状態は、

⑴土地と所有者が同じ名義である

⑵再建築に問題がない

⑶躯体および設備に要補修箇所はなく、土壌汚染などの心配がない

以上3つのシチュエーションが成立している状況です。⑵と⑶に問題があると、物件を譲渡されたご子息は結局、困ってしまいますから選択できません。

残るのは、「⑴土地と所有者が同じ名義」を変更することです。

土地の名義を移動させると、税務署は厳しく目を光らせていますから、早晩、目の玉の飛び出るような贈与税を吹っ掛けてくることでしょう。

では、どうするのか？

そう、建物の名義です。しかも全部を譲渡するのではなく3分の1など目立たない持分を不動産業者を通じ、金融機関から融資を受けて子どもが親から融資を受けて買い取ります。

「親と子どもでしょ。知らないわけじゃなし、ワザワザ不動産業者を間に入れないでもいいだろうし、金融機関から融資を受けることもないでしょ」

不動産業者や金融機関から融資を受けることこそ、この裏ワザのミソです。彼らをかませることで親子間の親族間取引ではなく、通常の経済行為の証拠を作るわけです。この第一段階が成立すると、もっとも高い状態で評価される状態ではなくなりました。その後、数年置きに3分の1を買い取り、ご子息の建物の持分を3分の2に高め、また数年後に全部の建物の所有権を購入します。もちろん割合に応じた地代を支払ってください。親が売る理由は、生活費に充てるでもなんでもいい。

建物の所有権が移動すると、建物の借地権は通常、土地の70%ですから、不動産所有権の名義移動はおよそ50%~70%は完了したことになります。

相続の裏ワザ　その3は、不動産評価のゆがみを利用したアクションであり、不動産業者や金融機関をかませることにより、一般経済行為化させる生前相続のひとつです。

㊙相続裏ワザ　その4㊙
～建物賃貸借公正証書契約と根抵当権設定～

相続は、相続発生前の法律行為や経済行為に基づきます。

「もとづく……、いった何を言いたいのか、皆目見当もつかんね」

わかりやすく言えば、親が子どもに不動産を売ったとしたら……。

子どもは親に金銭を払い不動産を取得し、
親は子どもに不動産を引き渡す代わりに、子どもから金銭を受け取るわけです。

こうした一般経済行為の後に親が亡くなり、相続したとしても、実家の所有権は子どもに移動していますから、相続の対象になるのは、親が子どもから受け取った金銭になります。

「当たり前でしょ。そのどこが、裏ワザなのよ？」

では、子どもが**親から実家を借り受けた**としたらどうなるでしょう？

「えっ⁉　子どもが実家を借りるって、必要ないでしょ。なんで、そんなバカなことするのよ」

これこそが、相続の裏ワザ　その4の骨格です。

売買と同様、賃貸借であっても相続開始前の法律行為や経済行為は、相続開始前であれば保護の対象となります。言い換えると、相続により否定されはしないのです。
「いまいち、わからん。その法律行為だか、経済行為だか知らんけど、それの何が役にたつの？」

賃貸借契約は貸主、借主双方が納得するなら、契約内容は公序良俗、もしくは経済行為上あり得ない内容でない限り、否定されません。

具体的に申し上げますと、

○家賃：土地建物の工程資産税及び都市計画税の3倍とする。

↓契約書には金額を記入します。年税以下もしくは2倍以下は否定される恐れが強い。

○特約：転貸は自由だが、土地建物一切の修繕義務は貸主ではなく借主が行う。

↓安い家賃と借主が修繕義務を負うのはセットです。この特約があるからこそ、格安の家賃であると弁明可能となります。

○賃貸範囲：家屋番号と地番を明確に記載。

↓建物賃貸借契約ですが、敷地も借り受けた建物の敷地の一部であることから明確に記載します。

○契約期間：契約期間は9年としてください。そして、その後の契約延長は法定更新と記載するのがベストです。

↓借家契約期間が記載されていないと、さまざまな理由により中途解約を申し入れられる可能性が残ります。とはいえ、10年以上となると定期借家契約を公正証書契約するのが10年ですから、その整合性もある。そこで借家契約期間を9年とするのが折衷案としてベストです。

○解約条件：家賃滞納3年継続すると、催告の上1年経過して解約できる。

↓解約条件を記載しないと、通常の解除条件である3か月の家賃滞納と催告1週間に収束しかねません。

○契約書式：公正証書による建物賃貸借契約

↓通常の建物賃貸借契約書を根拠とすると、相続後の新所有者に無効の申立を受けるリスクが残ります。しかしながら、公証役場において公証人立会による公正証書を作成すれば、公正証書は判決と同等の強制力をともないますので、そうしたリスクはゼロになります。

○注意点　家賃は貸主である所有者の口座に確実に入金し、証拠として残るようにお願いいたします。

↓解約条件をユルユルにしたとしても、家賃を入金し続けるからこそ、解約されないことを忘れないでください。権利を主張するには義務の履行が条件です。

「まぁ、わかるけど、何がメリットになるの？」

仮に、都心の住宅があったとします。築35年5LDKの木造住宅です。家賃相場は月額30万円。固定資産税と都市計画税の合計は年間20万円とします。

先ほどの条件に当てはめると、年間家賃は60万円（20万円×3倍）ですから、月額家賃は5万円です。リフォームをした後の家賃は30万円を見込めますから、手残り月額25万円。年間300万円となります。

「す、すげぇ！　なんか違反になんないの？」

すべて相続前の一般経済行為ですから否定されません。

しかも……。

「まだ、あんの？」

新所有者が土地、建物のすべてを相続したとしても、相続前に公証人立会の元に成立した建物賃貸借契約を引き継がなくてはなりません。

「って、ことは？　年間に固定資産税と都市計画税の3倍、いや手残り2倍だけ……」

正解です。

わずかなスズメの涙金しか残りません。

そして傍目から見るとハチャメチャな建物賃貸借契約を揺るぎない契約にするには、もう一歩踏み込んでいただきたい。

「公正証書なら、問題ないんでしょ。違うの？」

公正証書の内容は裁判の確定判決と同等の威力があります。しかしながら、不動産の所有者や抵当権の詳細を記載している登記簿謄本内部に、公正証書の記載項目はありません。ですから、建物賃貸借公正証書契約の存在を知らない人物が当該不動産の登記簿謄本を見ると、抵当権が設定されていない、担保余力十分の不動産に見えてしまいます。

仮に、お金に困ったドラ息子が……。

「気づくのが遅いって言われるかもしれないけど、俺、心を入れ替えて頑張るよ。ただ、事業を継続するためにはさ、５００万円のつなぎ融資を受けなくちゃならないんだ。笑ってくれよ。父さんの様に信用がない俺はさ、メインバンクから担保提供が条件だって言われちゃって、二進も三進もいかない。父さん、ねぇ、父さん！　最後だと思って信用してくれ。2年の間だけ、この建物に担保をつけさせてくれないかな？」

資産所有者が情にホダサレ、もしくは認知症の世界に足を踏み入れていたとしたら……。白紙委任状と印鑑証明書、そして権利書を預けかねません。抵当権が設定される登記簿謄本の乙区に何の記載もないとしたら、担保要件は満たしていますから早晩登記簿謄本の乙区に抵当権は設定されることでしょう。

もしかすると、抵当権500万円のゼロがひとつ増えて5000万円、返済期間2年だったはずのゼロがひとつ増えて20年に姿を変えているかもしれません。

「またまた、そんな奴いるはずが……、いや、切羽詰まった奴は、やるかもしれん」

そう、浪費癖、失敗癖のついた方々は、どこか能天気です。今が良ければ、将来のことなどケセラセラと、周囲の迷惑など顧みない傾向が強い。頭を下げれば、金が出るとなると、汚い靴でもなめかねない。白紙委任状を手にしたドラ息子は500万円を5000万円に、2年の返済期間を20年に書き換えることに心を痛めることなどないのです。

公正証書契約の日付は抵当権設定日付よりも早ければ、契約内容は保護の対象です。

しかしながら、金融機関は抵当権設定時点において、ハチャメチャな建物賃貸借公正証書契約の存在を知らなかった……。当然ながら、月額5万円しか賃料の取れない不動産を担保にお金など融資しません。融資を実行した金融機関は、担保提供した資産所有者の親父さんに騙されたと民事訴訟を起こす可能性が残ります。

「どうすりゃいいの？」

ドラ息子や詐欺師を寄せ付けない、威力抜群の「お札」があります。

「おふだ？　それってどこで売ってんの、どうせ高いんだろ」

お札の名称は「根抵当権設定仮登記」であり、登記費用はわずか「1000円」です。

「〝かり〟って、仮面の「か」？　って、ことは正式の登記があるわけでしょ。なんで正式にしないの？　そもそも「ね抵当権」の「ね」って、何？　抵当権とどう違うの？」

それでは、順を追ってご説明しましょう。

抵当権は、完済まで抹消できませんし、途中で追加融資もできません。

一方、根抵当権は上限金額である「極度額」の範囲内で追加融資は、いつでも可能です。

抵当権の場合、仮登記であろうが本登記であろうが、設定金額の根拠や実行がともなっていなければ、不正登記を疑われます。一方、根抵当権は「極度額」ですから、1億円の極度額を設定したとしても、それは未来のことですから融資実行金額がゼロであっても不正登記ではありません。

さらに本登記をすると、抵当権も根抵当権も設定金額の0・4％の登記印紙が必要であり、1億円の設定金額の場合、40万円！　それが仮登記だと、わずか1000円！

当然ですが、担保提供予定の不動産の登記簿謄本乙区に1億円の根抵当権仮登記が設定されていたなら、担保として不適当です。不埒（ふらち）なドラ息子や詐欺師がどんなに画策したとしても融資実行者である金融機関は受け付けず、資産所有者が面倒に巻き込まれることはありません。いかがです？　この威力抜群の「お札」こそ、**根抵当権仮登記**。

建物賃貸借公正証書契約と根抵当権仮登記を組み合わせ、ご活用くだされば幸いです。

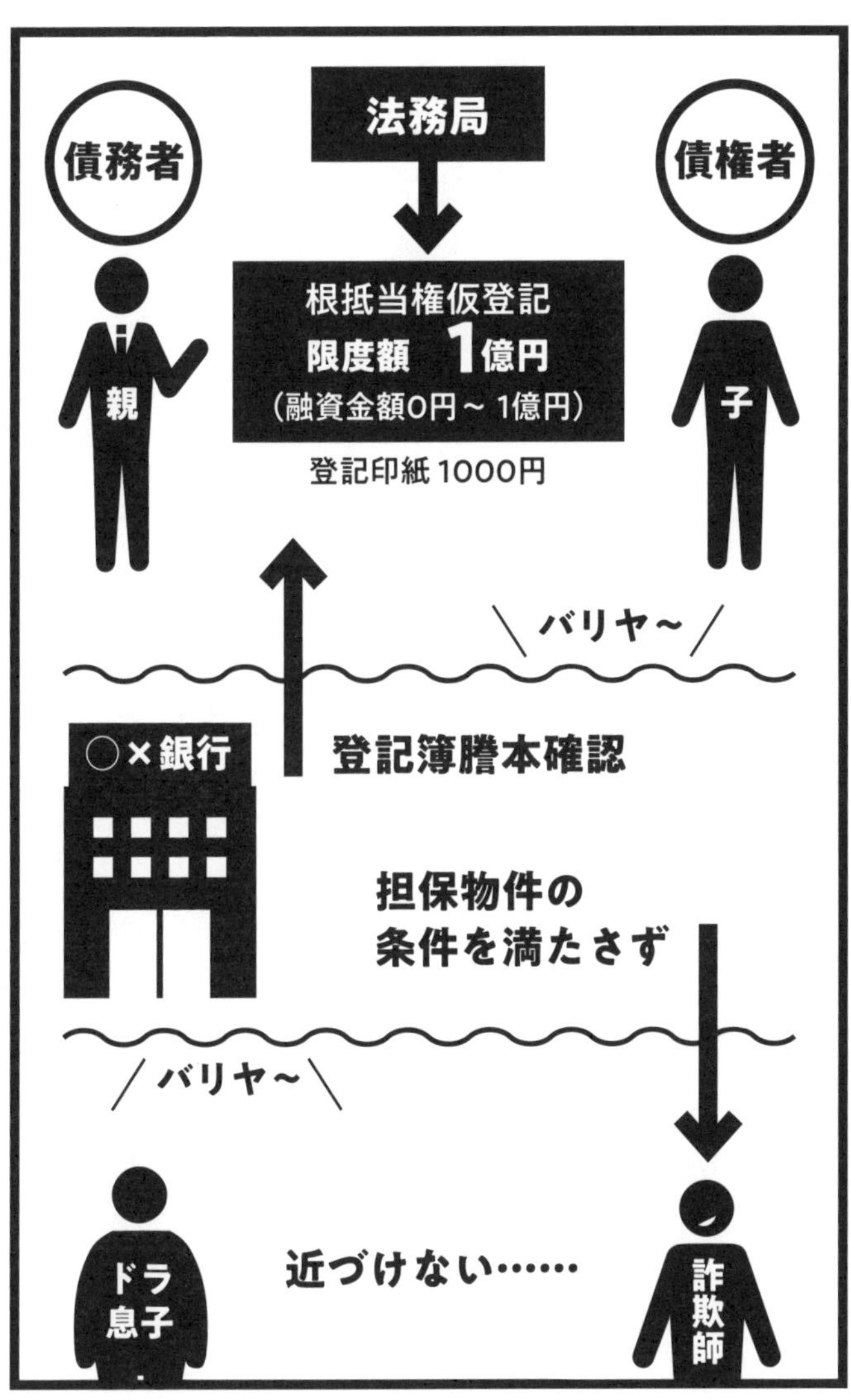
法務局
債務者
債権者
根抵当権仮登記
限度額　1億円
（融資金額0円～1億円）
登記印紙 1000円
親
子
＼バリヤ～／
○×銀行
登記簿謄本確認
担保物件の
条件を満たさず
／バリヤ～＼
近づけない……
ドラ
息子
詐欺師

㊙相続裏ワザ　その5㊙
～不動産鑑定士による課税価格の低減～

相続裏ワザ　その3や、その4を活用することにより、対象不動産価格を実勢価格より下げたとしても、相続時に下がった価格を反映させなければ、相続税の減額にはつながりません。「いやいや、税理士に任せたらいいでしょ」

税理士を一言で申し上げれば、**税務署の手下**です。不動産の評価も規定された評価手順に従うだけの話であり、相続人に寄り添う姿勢は示しても、税務署に対し意見を言う存在ではありません。

「相続で税理士の意見を聞かないで、誰に聞けばいいのよ」

〝不動産鑑定士〟です。不動産鑑定士とは、「不動産の適正な経済価値を公平、客観的な第三者の目で判定する専門家」です。彼らも客商売ですから、顧客の意見をベースに鑑定評価を下そうとしてくれます。そして不動産鑑定士は「不動産鑑定評価書」という公的であり、証明力の高い書類を作成してくれます。あとは、市場価値が激減した不動産を鑑定した不動産鑑定評価書に記載された価格を元に相続税を納税すれば良いのです。

査定費用は一筆の土地と戸建一戸であれば、およそ20万円です。

税務署に対抗できるプロを味方にすることこそ、相続裏ワザ　その5です。

寿命が延びグローバル社会になった今だからこそ必要なロングラン相続のオマケ

一昔前、江戸の昔の平均寿命は40歳前後。現代と比較すれば、半分にも満たない短命な人生でした。戦後すぐであっても50歳を少し超えたぐらいでした。

庶民の大半は、志半ばで亡くなることが普通でした。だからこそ個人よりも「家」を中心とした家督相続こそ、相続の王道でした。

現在はどうでしょう？

「今か……、寿命は80歳を超えたし、人生100年って言ってるよな。定年も延長する雰囲気、65歳から70歳だって、マジかって驚いたけど。って、待てよ。だったら相続を受けるのは70歳台ってこともあるの？」

その可能性は大きいと言わざるを得ません。

老々介護ならぬ、「老々相続」が流行語大賞に輝く日も、そう先の未来ではない。私にはそう思えます。

さらに一昔前は中学を卒業し、本田宗一郎さんのように一大クルマメーカーを創業したり、松下幸之助さんのように世界的な家電メーカーを打ち立てることも可能でした。

ところが、現在、自動車の機能は飛躍的な進歩を遂げ、家電も1人の天才が太刀打ちできるレベルではない高みに上りつめています。

一発相続を待ち続けると、ご子息は疲れ果て、老々相続になりかねず、一族の絆は断たれる恐れもあります。孫やひ孫は満足な教育の機会を与えられず、社会からドロップアウトしてしまうかもしれません。

「わかるよ。でもさ、オレの親は頑固そのものなんだ。オレが稼いだ金はキレイさっぱり使い切るから、当てにするな。お前はお前の人生を生きろって、取り付く島もない」

ロングラン相続のベースは「尊敬」と「感謝」の念を、引き継ぐ方が持っていなければ始まりません。妬みや嫉み、相次ぐ請求書を親御さんや祖父母に送っても、何も進展しないのです。

「どうすりゃいいの？　もう、ここ5年は電話もしていないよ」

魔法のフレーズがあります。このフレーズを枕言葉につければ、5年どころか、10年、20年音信不通であったとしても、あっという間に距離を縮めてくれます。

「どんな言葉？」

昨日、夢で見たんだけど、何かあった？　心配になっちゃって電話したんだ
これだけです。

自分の夢を見たと言われて、イヤな思いを抱く人はいません。

「で、その後は、どうするの？」

最初から、自分の本音や望みを話してはなりません。

例えば、「俺の長男、あんたの孫の教育費のことなんだけど……」と口にした途端、電話を切られる可能性大です。

ですから、相手側が

「いや、大丈夫だよ。何か用かい？」

と言ってきたなら、

「そう、だったらいいんだ。元気そうで安心した」

と、そのまま切る素振りをしていただきたい。数年ぶりに電話が来たのです。相手側がそのまま済ますはずはありません。

「いや、まだいいじゃない。最近どうだい？」

と、雑談に引き込むはず。

なんでもない話をしてください。空白期間を埋めるように。過去に何かあったなら、その時の謝罪も挟めばエクセレント！　相手側は、もう皆さんに興味津々となることでしょう。そして、電話の最後には「また、電話してよ」と、返してくるはず。

2週間以内に、2度目の電話をしていただければ、互いの絆は急速に縮まります。

そして、2回目の電話の最後には、「近くに寄ったなら、来てよ。また、顔みたいから」という返事を聞くことになる。

そこから1か月以内に、ふらっと会いに行く。手土産を持って。何の気もなく、「顔、見にきただけだから、じゃ」と、ここでもすぐに帰る素振り……。この姿勢を堅持していただければ、相手側は皆さんの虜になること請け合いです。

おわかりいただけたでしょうか。

長い時間をかけて悪化した関係を一気に解決できるはずがありません。じっくり、じっくり、腰を据えて改善することが大切です。身内だからと甘えるのではなく、身内だから気づかい、感謝し、尊敬する気持ちがなければ、ロングラン相続は成立しません。

年齢を重ねると、自分でも驚くほど頑固、頑迷になるものです。その関係を改善するには資産を相続したいご子息からアプローチする必要があります。

そのきっかけこそ「昨日、夢でみたんだ。元気？」です。このフレーズは親御さんだけでなく、長くご無沙汰した友人や取引先、そして恩師や幼なじみにも効果的です。

自分が望む未来を手に入れるには、社会や相手側が変わることを望むのではなく、自ら変化する勇気を持ち、行動に移すことです。変革は、己次第です。

おわりに

日本の相続は本来「家督相続」でした。
戦後、職業選択の自由と財閥解体、そして農地解放により、家督相続は有名無実化……。
残念なことに、令和の日本では、その昔、形見分けに過ぎなかった「資産相続」のみ焦点をあてられています。
可能であれば、「一発相続」ではなく「ロングラン相続」により、家訓を含めた「家督」の相続を実行していただきたい。
そして、
唐突に相続に直面した際には、
愛着あるご実家を、
○放置
○売却
○解体
に付すのではなく、

再生させ、

まだ見ぬ家族に住んでいただき、不動産の恩返しである家賃を受け取ってはいかがでしょうか。

最後まで、ご購読いただき、誠にありがとうございます。

可能であれば、

本書の提示した内容を皆さまの選択肢のひとつに加えていただければ、幸いです。

以　上

読者限定特典！

藤山勇司の**熱血解説動画**をプレゼント！

本書を120%活用いただくために、
藤山勇司があなたに知っていただきたい
3つの重要ポイントを
解説した動画をプレゼントいたします。

❶相続された「ご実家」を富動産に変えるための
大切な心構えとは?

❷家賃を稼げる不動産にするための
具体的なポイントとリフォーム費用を
半分にする方法とは?

❸相続税とロングラン相続の
ポイントは?

動画視聴方法

以下のURLにアクセスしてご視聴ください。
https://fujiyamayuji.com/pl/book/

QRコード

[略歴]

藤山勇司（ふじやま・ゆうじ）

作家・兼業大家。1963年広島県呉市生まれ。星座は水瓶座、血液型はO型。呉宮原高校から愛媛大学を卒業し、大倉商事に入社。1998年8月、東証一部上場の同社が自己破産。無職となり、大家の道に転進。2003年、『サラリーマンでも大家さんになれる46の秘訣』（実業之日本社）を上梓し、元祖サラリーマン大家さんとしてTVなどさまざまなメディアで活躍。著書に『兼業大家さんという超個人年金の話』（ビジネス社）など多数ある。現在、11棟のアパートなど121室を所有、家賃総額は5000万円を超えている。

負動産を富動産に変える魔法の不動産投資

2020年5月18日　　第1刷発行

著　者　藤山 勇司

発行者　唐津 隆

発行所　株式会社ビジネス社

〒162-0805　東京都新宿区矢来町114番地 神楽坂高橋ビル5F
電話　03(5227)1602　FAX　03(5227)1603
http://www.business-sha.co.jp

〈装幀〉中村聡
〈本文組版〉茂呂田剛（エムアンドケイ）
〈印刷・製本〉中央精版印刷株式会社
〈編集担当〉本田朋子　〈営業担当〉山口健志

ISBN978-4-8284-2184-1

ビジネス社の本

兼業大家さんという超個人年金の話

待ったなし！ 雇用大崩壊直前の不動産投資

藤山勇司……著

定価 本体1300円＋税
ISBN978-4-8284-1769-1

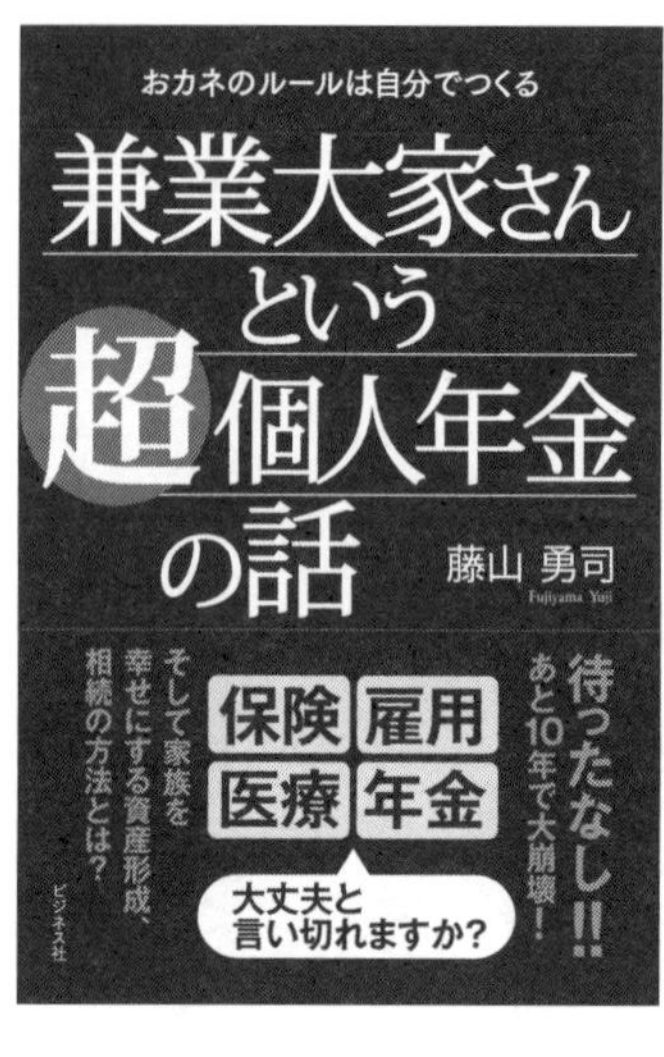

投資してはいけない
不動産のすべてを教えます!!

20歳代で年収5億円の社員が誕生する一方、50代で200万円に届かない人もいる。そんな超格差社会になっても驚かない！大切な家族を守るために、先行き不透明なこんなご時世を生き抜くための不動産投資の真髄を元祖サラリーマン大家さんが伝授いたします。

本書の内容

第一章　揺れ動く世界情勢と日本
第二章　待ったなしの生き残り戦略
第三章　投資してはならない不動産の実態
第四章　物件取得六箇条
第五章　投資の手順とポイント評価
第六章　引き継ぎと相続